LA
REINE DES HALLES

PIÈCE EN TROIS ACTES & QUATRE TABLEAUX

PAR

MM. A. DELACOUR, V. BERNARD & P. BURANI

Musique de M. Louis VARNEY

Représentée pour la première fois,
à Paris, sur le Théâtre de la Comédie-Parisienne, le 4 avril 1881

PARIS

E. DENTU, ÉDITEUR

LIBRAIRE DE LA SOCIÉTÉ DES GENS DE LETTRES

PALAIS-ROYAL, 15, 17 ET 19, GALERIE D'ORLÉANS

1881

LA

REINE DES HALLES

4324 — Imprimerie de Poissy — S. Lejay et Cie.

LA
REINE DES HALLES

PIÈCE EN TROIS ACTES & QUATRE TABLEAUX

PAR

MM. A. DELACOUR, V. BERNARD & P. BURANI

Musique de M. Louis VARNEY

Représentée pour la première fois,
à Paris, sur le Théâtre de la Comédie-Parisienne, le 4 avril 1881.

PARIS

E. DENTU, ÉDITEUR

LIBRAIRE DE LA SOCIÉTÉ DES GENS DE LETTRES

PALAIS-ROYAL, 15, 17 ET 19, GALERIE D'ORLÉANS

1881
Tous droits réservés.

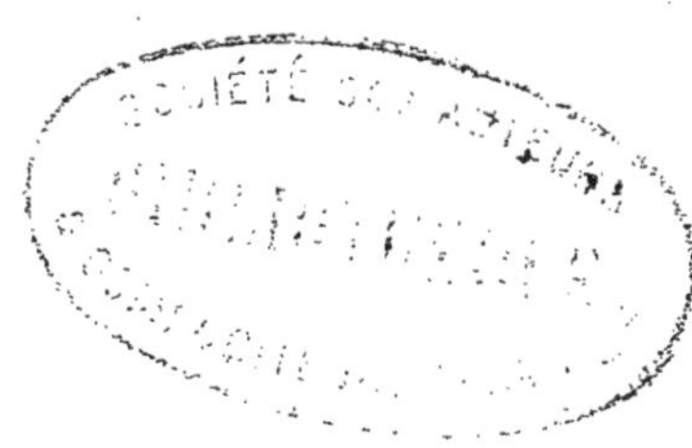

PERSONNAGES

GIBRALTAR............................... MM. RIGA.
DUPONTET............................... MONTBARS.
PIERRE................................. GUILLEMOT.
MICHEL................................. DELORME.
MONTAUBAN.............................. REGNART.
GÉROMÉ................................. BELLOT.
LANDRINEAU............................. DIDIER.
BARIGOULE.............................. BOURGEOTTE.
LE RÉGISSEUR........................... CHAMEROY.
UN BRIGADIER........................... LEGRAIN.
UN INSPECTEUR.......................... PELLERIN.
ROSE PLANCHON.......................... Mmes THÉRÉSA.
STELLA................................. BADE.
LA NORMANDE............................ GEORGINA DUPONT.
MADAME PICHARD......................... CLAUDIA.
JULIETTE............................... NANCIA.
SUZON.................................. MARIE LEROUX.
CLARA.................................. GOURNAY.
NINETTE................................ LINNÈS.
LAURA.................................. JAGER.
AMÉDINE................................ LUTHÈS.
SOLANGE................................ VERNEUIL.
FRISETTE............................... SPINGA.
LÉA.................................... MERIBEL.

GENS ET DAMES DE LA HALLE, BOURGEOIS ET BOURGEOISES, FIGURANTS ET
FIGURANTES, ETC., ETC.

Droits réservés en France et à l'Étranger

LA

REINE DES HALLES

ACTE PREMIER

Le théâtre représente la salle du bas d'un restaurant de la
Halle. Le tiers de droite est séparé du reste de la salle
par une petite cloison en planches, haute de deux mètres
seulement, avec une porte au milieu, faisant communiquer
les deux parties de la salle. Dans la salle commune, porte
au fond, donnant sur la rue, et porte d'office à gauche.
Comptoir, tables, chaises, ameublement très simple. Dans
la salle de droite, porte à droite, table, chaises, ameublement plus riche.

SCÈNE PREMIÈRE

STELLA, NINETTE, AMÉDINE, SOLANGE, FRISETTE,
LÉA, DUPONTET, PIERRE, dans le compartiment de droite.
MICHEL, GÉROMÉ, LANDRINEAU, L'INSPECTEUR,
BARIGOULE, Hommes et Femmes de la Halle, dans
le compartiment de gauche.

(Au lever du rideau, les jeunes gens et les jeunes femmes occupent le
compartiment de droite, dans un abandon et un laisser-aller qui in-
diquent la fin d'un souper. Les bougies des candélabres sont à demi
consumées, la table est en désordre. Dans le compartiment de gauche, les gens de la Halle en costume de travail sont assis aux tables.
Landrineau enveloppé dans sa limousine de maraîcher est sur une
chaise et paraît dormir. Des garçons servent.)

ENSEMBLE :

LES GARÇONS.	JEUNES GENS et JEUNES FILLES.	GENS DE LA HALLE.
Pour satisfaire	La bonne chère	Vider un verre
Chacun soudain	Et le bon vin	De bon matin
Avec entrain	Rendent soudain	Ça rend soudain
Il faut tout faire ;	Heureux sur terre ;	D'humeur légère ;
N'oublions rien,	Le verre en main	Un doigt de vin
Et vite et bien,	Le genre humain	Est souverain
Pour le pourboire de [la fin.	Voit tout en rose et [tout en bien.	Pour mettr' le tra- [vailleur en train.

MICHEL.

Dès le réveil, c'est bon de boire
— Histoire de tuer le ver. —
Le vin blanc chasse l'humeur noire
Et rend l'esprit tout d'suit' plus clair (*bis*).
Glou, glou, glou, douce chanson,
       De nos pères,
      Refrains salutaires,
Glou, glou, glou, douce chanson
Glou, glou, glou, buvons donc!

STELLA.

L'ivresse me rend amoureuse,
J'ai le vin tendre, et la saveur
Du champagne et de la chartreuse
Me met le trouble au fond du cœur.
    (Imitant le bruit des baisers.)
Bss, bss, bss, oui, mes amis,
      Que nos lèvres
      Ont de douces fièvres ;
Bss, bss, bss, oui, mes amis,
C'est le plus tendre de tous les bruits!

ENSEMBLE

LES GENS DE LA HALLE.	JEUNES GENS et JEUNES FILLES.
Tin, tin... ce cliquetis	Bss, bss, bss, oui, mes amis,
Est le plus joyeux des bruits.	C'est le plus charmant des [bruits.

TOUS, à gauche.

Un canon de blanc!... un mêlé cass... un gloria... un punch... garçon!

LES GARÇONS.

Voilà! voilà!

PIERRE, à droite.

Je vous l'avais bien dit... ce n'est pas tenable... Quelle idée de prendre le café ici, avec ce voisinage...

DUPONTET.

C'est bien plus drôle! (Appelant.) Le café! le café!

TOUS.

Le café! le café!

BARIGOULE, avec sa cafetière.

Le café demandé!...

TOUS.

Ah!

BARIGOULE.

Comme j'ai déjà eu l'honneur de le dire à ces messieurs et à ces dames, s'ils voulaient prendre le café dans le salon d'en haut, ils seraient plus tranquilles.

DUPONTET.

Comme nous avons déjà eu l'honneur de te le dire...

STELLA.

Tu nous ennuies!

BARIGOULE, interloqué.

Ah!

DUPONTET.

Comprends-tu?

BARIGOULE.

Non!

DUPONTET.

Verse toujours!

MONTAUBAN.

Michel!...

MICHEL.

Montauban!...

MONTAUBAN, trinquant.

Ça fait couler la farine !

MICHEL, de même.

Ça fait passer le poisson !

ENSEMBLE.

A la tienne !

BARIGOULE, versant.

C'est qu'il est trois heures du matin, et que ces messieurs et ces dames de la Halle sont là!...

TOUS.

Eh bien ?

BARIGOULE.

Et qu'il est probable qu'ils vont se disputer.

STELLA.

Quelle chance !

NINETTE.

Se disputer !... et pourquoi ?

BARIGOULE.

C'est que c'est après demain le bal de la Halle... et qu'alors ils s'occupent pour nommer une reine, comme tous les ans.

PIERRE.

Une reine... alors toute la Halle va venir.

LAURA.

Toute!... Je connais ça... j'ai été marchande de pommes.

DUPONTET.

Toute la Halle ?... ce sera strogoff !

BARIGOULE.

C'est qu'ils commencent par se disputer... et qu'après qu'ils se sont disputés, presque toujours ils se cognent... l'an dernier ils se sont cognés.

STELLA.

Tant mieux... c'est ce que nous voulons voir...

BARIGOULE, interloqué.

Ah !

NINETTE.

Comprends-tu ?

BARIGOULE.

Non ! (*Bruit de verres frappés sur les tables dans le compartiment de gauche.*)

DUPONTET.

Tiens, on t'appelle, vil esclave...

BARIGOULE, *passant à gauche.*

Voilà ! voilà !

MICHEL.

Allons donc, Barigoule !...

PLUSIEURS VOIX.

Du café... un mêlé... du rhum !... un gloria !...

LES GARÇONS.

Voilà ! voilà !

BARIGOULE, *allant au comptoir.*

Ils vont se monter la tête, et puis après ils se cogneront.

STELLA.

Tu as l'air de t'ennuyer, mon ami Pierrot.

PIERRE.

M'ennuyer ?... pourquoi ?...

DUPONTET.

Il a peur du tapage !

STELLA.

Lui !... un remisier, un boursier !

NINETTE.

Il a l'habitude du boucan.

LAURA.

Ah ! oui, le boucan... ils en font rien à la Bourse.

STELLA.

Je te le répète, Pierre, tu n'as pas l'air content d'être ici !...

PIERRE.

Quelle idée !...

DUPONTET.

Pas content !... Souper avec des étoiles !... c'est un

rêve, pour un bourgeois comme lui... c'est ça qui va le poser à la corbeille.

AMÉDINE.

Lancé par Dupontet !

STELLA.

Le brillant Dupontet, le roi des boulevardiers, comme il s'intitule lui-même.

TOUS.

Vive Dupontet !

MICHEL.

Montauban !

MONTAUBAN.

Michel !

MICHEL.

Je te parie que c'est mame Rose qui sera nommée.

LANDRINEAU.

Des reines... n'en faut plus... en République !

GÉROMÉ.

Pas de politique !

LANDRINEAU.

N'en faut plus !

MICHEL et MONTAUBAN.

A la tienne !

STELLA.

Voyons, mon petit Pierre, est-ce que tu as peur de te compromettre avec les gens de la Halle ?

DUPONTET.

Stella, ne disons pas de mal des gens de la Halle, ma nourrice en était.

TOUS.

Ah !... Dupontet...

DUPONTET.

Oui, elle vendait du mouron pour les serins... c'est elle qui m'a nourri.

TOUS.

Bravo!

DUPONTET.

C'est elle qui m'a donné cette constitution que le gouvernement pourrait m'envier... car elle est solide.

NINETTE, raillant.

Tais-toi donc, fleur de bourrache.

DUPONTET.

Comment ! fleur de bourrache !

NINETTE.

Eh ! oui, tu nous fais transpirer.

TOUS.

Ah ! ah ! ah !

GÉROMÉ.

J'vas vous dire, M. l'Inspecteur...

L'INSPECTEUR.

Ah ! non, père Géromé, à distance... Vous n'êtes pas parfumeur...

GÉROMÉ.

Non, je suis marchand de fromages...

TOUS.

Ça se sent bien !... (On rit.)

DUPONTET.

Dites donc... si on taillait un petit bac ?...

TOUS, applaudissant.

C'est une idée... bravo ! bravo !

DUPONTET.

Garçon... garçon?

BARIGOULE, s'élançant.

Voilà ! voilà !...

MICHEL.

Qu'est-ce que c'est que ce monde à côté ?

BARIGOULE.

Une société choisie !

MICHEL.

Des muscadins !

GÉROMÉ.

Des fadars !

LANDRINEAU.

N'en faut plus des fadards...

DUPONTET.

Voyons, garçon !

BARIGOULE.

Voilà ! voilà !

DUPONTET.

Enlève tout ça et donne-nous des cartes !...

PIERRE.

C'est égal, drôle d'idée de venir souper à la Halle quand on est sur le boulevard, et qu'on a Bignon sous la main.

STELLA.

Ça, mon petit, c'est une idée de notre directeur.

NINETTE.

Nous répétons *La Petite Poissarde.*

STELLA.

Et il veut que nous venions étudier sur place...

DUPONTET.

Ecole naturaliste... ou l'art d'employer le mot propre, pour dire des choses qui ne le sont pas.

LAURA.

Ah! c'est vrai...

GÉROMÉ.

Et je vous répète que la Normande...

MONTAUBAN.

Ah! tu me bassines avec ta Normande.

MICHEL.

Une dévergondée... ça serait du propre...

GÉROMÉ.

Ne mécanise pas ma candidate.

MICHEL, se levant.

De quoi ?

MONTAUBAN, les séparant.

Voyons... entre amis !...

DUPONTET.

Oh ! impossible de jouer ici, allons dans le salon à côté.

AMÉDINE.

Moi, je prends les cartes.

LAURA.

Et moi le tapis !

STELLA, à Pierre.

Voyons, décidément, mon bébé, tu es triste... Est-ce que tu penses à ta femme ?

PIERRE.

Moi !...

STELLA.

C'est gentil... lui faire accroire que tu es à Tours pour tes affaires... Tiens, embrasse-moi.

TOUS.

Stella !... Stella !

STELLA.

Ah ! flûte !

DUPONTET.

Passons dans ce cabinet, nous y serons plus tranquilles !...

NINETTE.

Mais si pendant ce temps-là les voisins allaient se disputer ?

DUPONTET, montrant Barigoule.

L'enflé nous préviendra... tu entends ?

BARIGOULE.

Oui, monsieur !

NINETTE.

Cinq francs pour toi si on se dispute. (Elle sort.)

STELLA.

Et dix francs si on se cogne... Viens, Pierrot. (Elle sort.)

DUPONTET.

Tu entends, si on se cogne, cogne ! (Il sort.)

BARIGOULE, seul.

Dix francs ! Espérons qu'on se cognera. (Tous les personnanages de droite ont disparu. Barigoule débarrasse la table.)

SCÈNE II

TOUS LES PERSONNAGES du compartiment de gauche, puis LA NORMANDE.

GÉROMÉ, frappant sur la table.

C'est moi qui vous le dis, la Normande, c'est une luronne.

QUELQUES VOIX.

Oui ! oui !...

GÉROMÉ.

Une vraie femme qui aime à rire... et quand une femme aime à rire... on ne sait pas...

PLUSIEURS VOIX, chantant.

Elle aime à rire, elle aime à boire.

LA NORMANDE, paraissant.

Elle aime à chanter comme vous.

PLUSIEURS BUVEURS.

Ah ! la Normande !... Vive la Normande !...

LA NORMANDE.

Bonjour, les amis, bonjour tout le monde...

GÉROMÉ.

Notre nouvelle reine !

LANDRINEAU, s'éveillant.

Des reines... n'en faut plus...

TOUS.

Pas de politique !

MICHEL.

Ah ! reine... pas encore !

LA NORMANDE.

Tiens !... t'es contre moi, Michel

MICHEL.

Non... mais je suis pour madame Rose.

LA NORMANDE.

Cette madame Rose qui a toujours la bouche en cœur !...

MICHEL.

Eh bien, après ?...

LA NORMANDE.

Une cafarde... une mauvaise camarade !

PLUSIEURS BUVEURS.

Ah !

MONTAUBAN, levant le poing.

Cré nom !... Si c'était par un porte-jupons qui dit ça...

LA NORMANDE.

Eh bien, de quoi ?... est-ce que c'est pas elle qui m'a fait flanquer quinze jours à pied ?

MICHEL.

T'avais tort !

MONTAUBAN.

T'avais tort !

LA NORMANDE.

Ah ! vous la soutenez ! (Aux autres.) C'est fier parce que c'est riche et que ça a un fils en bottes vernies... un monsieur de la haute.

MICHEL.

Tu le connais ?

LA NORMANDE.

Non !... ce beau monsieur-là rougirait de mettre les pieds à la Halle... C'est un cafard... comme sa mère...

PLUSIEURS BUVEURS.

Oui... oui...

MONTAUBAN.

Silence !

GÉROMÉ, à Montauban.

Tu ne me feras pas taire... Vive la Normande !

MONTAUBAN.

Et toi non plus... Vive madame Rose !

TOUS, criant.

Vive la Normande!... Vive madame Rose! (Grande
animation.)

BARIGOULE, qui a fini d'enlever le couvert.

Voilà que ça chauffe. (Entr'ouvrant la porte.) Venez vite!...
je crois bien qu'on va se cogner.

SCÈNE III

LES MÊMES, STELLA, NINETTE, AMÉDINE, THÉODORE,
DUPONTET, tous les personnages du compartiment de droite,
rentrent en scène.

NINETTE.

Voyons ça!...

STELLA.

Je vais me payer une stalle.

AMÉDINE.

Moi aussi!... (Tous montent sur des chaises et regardent dans
le compartiment de gauche par dessus la balustrade.)

LANDRINEAU, qui s'est levé.

V'là ce que c'est que des reines... ça fait des émeutes...
n'en faut plus des reines!...

LA NORMANDE, les apercevant.

Qu'est-ce que c'est que ça?

GÉROMÉ.

Tiens! des guignols!

STELLA.

Malhonnête!

DUPONTET, lorgnant.

Très chic, le tableau, très chic!...

LA NORMANDE.

Oh! c't'illa... avec son verre dans l'œil!

GÉROMÉ.

Attends, je vas les remiser!...

MICHEL, le retenant, et grimpant sur une table.

Laisse donc! (Aux jeunes gens.) Mes petits agneaux, c'est

l'heure où les honnêtes gens se lèvent, par ainsi, faut aller vous coucher.

STELLA.

As-tu fini, Biribi?

TOUS, riant.

Ah! ah! ah!

GÉROMÉ.

Ils se moquent de nous!...

LANDRINEAU.

Tapons dessus!

TOUS.

Oui, oui! (Grand tumulte.)

ENSEMBLE

LES GENS DE LA HALLE.	LES VIVEURS.
Tapons, tapons, tapons dessus	Ils veulent nous taper déssus
Ce sont des gens de la gomme	Montrons-leur que dans la [gomme
D'un coup de poing ça se dé- [gomme	Chacun de nous vaut son [homme
Après on n'en parle plus.	Pour les coups donnés ou reçus

SCÈNE IV

LES MÊMES, ROSE, puis SUZON.

ROSE, entrant.

Eh bien! quoi donc?... quoi qu'il y a?

TOUS.

Madame Rose!... (Ils s'arrêtent.)

PIERRE, dégringolant de sa chaise.

Oh!

TOUS.

Hein!

PIERRE.

J'ai glissé... une entorse. (A part.) C'est elle! (Il s'assied.

ROSE.

Le torchon brûle... On se dispute?

I

De la Hall' puisqu'on a proscrit
Les bataill's et même l'injure,
Il faut mettr' les points sur les I
Mais n' pas les mettr' sur la figure...
V'là-t-y pas de beaux arguments !
C'est pas comm' ça qu'un' question s' tranche.
La forc' c'est l' droit, mais pas tout l' temps !
La raison prend toujours sa r'vanche !
    Allons, mes amis
    Plus de scandale   (*bis.*)
    Soyons tous amis
Comme des enfants de la Halle.

II

    (Aux gens de la Halle.)
Plus vous vendez, plus y a de profit,
Remerciez ceux qui font ripaille.
    (Aux jeunes gens.)
Vous qui savourez c'qu'il produit,
Respectez celui qui travaille !
    (Au milieu du théâtre.)
Chacun d' vous d' l'autre a besoin ;
Vot' querelle me déconcerte,
Au lieu de vous montrer le poing,
Tendez-vous une main ouverte.
    Allons, mes amis
    Plus de scandale   (*bis.*)
    Soyons tous unis
Notre mère à tous, c'est la Halle.

REPRISE ENSEMBLE

GENS DE LA HALLE.	LES JEUNES GENS.
Allons, mes amis,	Allons, mes amis,
Plus de scandale !	Plus de scandale !
Et soyons unis	Et soyons unis,
Notre mère à tous c'est la [Halle.	Notre mère à tous, c'est la [Halle.

TOUS.

Bravo ! (Les jeunes gens descendent des chaises.)

DUPONTET.

Si on ne se cogne pas, ce ne sera pas drôle... si nous reprenions notre bac ?

TOUS.

Ça y est. (Ils entrent à droite.)

MICHEL, à Rose.

Tenez, ici, mame Rose, voilà votre place !

MONTAUBAN.

A côté de nous deux.

STELLA, à Pierre.

Et ton entorse ?

PIERRE.

Ça va mieux... un peu de repos...

STELLA.

Reste tranquille... Je vais jouer pour toi !

PIERRE, à part.

Heureusement qu'elle ne m'a pas aperçu !

BARIGOULE, servant Rose, à la table de droite.

Mame Rose, votre gloria de tous les jours... Vous m'en direz des nouvelles... c'est moi qui l'ai préparé.

ROSE.

Merci, mon garçon. (Aux autres.) Eh bien !... qu'est-ce qu'on dit, à ce matin ?

MICHEL.

Dame !... on jabote au sujet de l'élection...

MONTAUBAN.

Et naturellement, on parle de vous !

ROSE.

De moi ?...

MICHEL.

Comme reine.

ROSE.

En v'là une idée !

LA NORMANDE, à la table de gauche.

Oh ! ne fais donc pas ta mijaurée, on sait bien que ce n'est pas l'envie qui t'en manque, ma douce amie.

ROSE.

Pas tant qu'à toi, ma belle chérie.

LA NORMANDE.

Seulement, tu peux la rengaîner, mon ange...

ROSE.

C'est ce que nous verrons, mon adorée.

LA NORMANDE, se levant.

Et d'abord, pas plus tard que ce matin, je vas aller raconter dans les quatre pavillons que c'est toi qui le mois dernier m'a fait mettre à pied pendant quinze jours, en me dénonçant à l'inspecteur...

GÉROMÉ, vivement.

Je suis témoin !

ROSE, s'animant.

Pourquoi qu't'as jeté tes soles avariées dans mon panier ?

LA NORMANDE.

Parce que l'inspecteur venait fourrer son nez dans mon étalage.

ROSE.

Et tu voulais me faire pincer pour ton museau... Ah ! non, je tiens à ma réputation, et à l'honorabilité de ma marchandise.

LA NORMANDE.

As-tu fini, madame la duchesse ! Ça joue à la grande dame ; parce que c'est riche, et que ça a un fils qui a des gants et des cols cassés !

PIERRE, à part.

Hein !

ROSE, se levant, prenant le bras de la Normande.

Pierre !... Ah ! non, ma petite... ne touchons pas à mon fils !

LA NORMANDE.

Un monsieur qui rougit de la Halle, parce que tu en as fait un flambard !

ROSE.

Pourquoi pas ?... mais j'en aurais fait un prince, si j'avais pu...

PIERRE, à part.

Bonne mère !

LA NORMANDE.

Tais-toi donc !

ROSE.

Tu ne comprends pas ça, toi, qui a eu trois maris... et pas d'enfants, bonne à rien... Moi j'ai eu un fils tout de suite, et cet enfant a été tout pour moi... je ne me suis pas remariée, quoique j'avais tout ce qu'il fallait pour ça... et quelquefois, je trouvais dur de rester seule ; mais c'était pour mon fils, et, vois-tu, plus on se prive pour ses enfants, plus on les aime... tu ne peux pas comprendre ça, toi... d'ailleurs, en voilà assez, et puisque tu tiens tant au panache, qu'on te le donne.

MICHEL.

Oh ! mais non...

MONTAUBAN.

Vous reculez ?

ROSE.

Laissez-moi donc, vous autres, et nommez la Normande.

SUZON, entrant.

Patronne.

TOUS.

Tiens l'endormie.

ROSE.

Quoi qu'il y a ?

SUZON.

Je viens vous dire que la marée est arrivée... et qu'on commence le déballage.

ROSE.

Je vais voir ça. (Aux autres.) Quant à vous, nommez la
Normande, et surtout ne vous disputez pas !

TOUS.

REPRISE DE L'ENSEMBLE

Allons, mes amis,
Plus de scandale
Soyez
Soyons } tous unis
Comme des enfants de la Halle.

(Rose sort avec Suzon.)

SCÈNE V

Les Mêmes, moins ROSE et SUZON, puis tous les personnages
du compartiment de droite.

MICHEL.

Bonne madame Rose !...

GÉROMÉ, à un groupe de buveurs.

Puisque madame Rose n'en veut pas, je propose une
manifestation en faveur de la Normande ?

LA NORMANDE.

Une visite aux délégués.

PIERRE, écoutant, à part.

Ah ! mon Dieu !... et maman Rose qui serait si fière...

GÉROMÉ.

C'est ça... tous en chœur.

PLUSIEURS VOIX.

Oui, oui... allons !

PIERRE, se précipitant à gauche.

Un instant, mesdames et messieurs.

GÉROMÉ.

Qu'est-ce qu'il nous veut, celui-là ?...

PIERRE.

Vous allez le savoir... Garçon, du champagne !

TOUS.

Hein!...

PIERRE.

Du champagne pour tout le monde.

LANDRINEAU.

Ce n'est pas de refus.

MICHEL.

A cause que ?...

PIERRE.

A cause que nous avons failli nous battre tout à l'heure et qu'il ne faut pas nous quitter sans nous être réconciliés.

TOUS.

Oui, oui !... (Pierre serre la main à plusieurs.)

PIERRE.

Je vais prévenir mes amis. (Il va à droite.)

MICHEL.

C'est ça, on trinquera.

PIERRE.

Venez, venez... nous fusionnons avec la Halle.

DUPONTET, paraissant.

Voilà une idée strogoff... tout à fait strogoff.

MONTAUBAN, à Michel.

Qué que ça veut dire ?...

MICHEL.

C'est un coup monté par la Normande.

MONTAUBAN.

Faudra voir !

PIERRE.

Je veux que madame Rose soit nommée.

STELLA.

Tu la connais donc ?... Une cliente de la Bourse, sans doute... C'est dit... faisons-la nommer reine.

PIERRE.

Eh bien, garçon ?...

BARIGOULE, entrant.

Voilà, voilà !...

PIERRE.

Allons, mesdames, versez !

LANDRINEAU.

Pristi ! être servi par des dames de la gomme !

GÉROMÉ.

C'est plus chic qu'au bouillon Duval !

DUPONTET.

Et n'oubliez pas la Normande... Gentille cette petite
mère !... (Il lui prend le menton.)

LA NORMANDE.

Vous êtes ben honnête !

PIERRE.

Et maintenant, à la future reine des Halles !

TOUS.

Oui, oui !...

GÉROMÉ.

A la Normande !

LANDRINEAU.

A la Norm...

PIERRE, interrompant.

Ah ! permettez... La Normande , ou madame Rose...
Liberté dans le vote !

TOUS.

Oui, oui...

DUPONTET.

Et discussion des candidates.

STELLA.

Je demande la parole !

TOUS.

Attention !

STELLA.

I

Il vous faut un' souveraine
Reine,
Par la gràce et la majesté.
On veut voir la commère

Plaire
Par son humeur et sa gaîté !
Nommez une luronne
Bonne,
Ayant bien le cœur sur la main ;
C'est pourquoi je propose
Rose, madame Rose...
Une reine, un vrai bout-en-train !

Sautez, bouchons,
Vous, francs lurons,   (bis.)
Qu'on vous arrose,
Mais nommez Rose ;
Rose, Rose, Rose,
En son honneur buvons !
Sautez, bouchons !

REPRISE DE L'ENSEMBLE

TOUS, sauf la Normande.

Sautez, bouchons, etc.

II

Il faut que votre Reine
Mène
La farandole du plaisir,
Et que sa voix puissante
Chante
Des refrains à n'en plus finir.
Il faut donc une femme,
Dame,
Ayant du nerf et du bagoût ;
C'est pourquoi je propose
Rose, madame Rose...
Qui me paraît avoir de tout.
Sautez, bouchons !
Vous, francs lurons,   (bis.)
Qu'on vous arrose,

> Mais nommez Rose,
> Rose, Rose, Rose,
> En son honneur buvons,
> Sautez bouchons !

TOUS.

REPRISE DE L'ENSEMBLE

Sautez, bouchons, etc.

GÉROMÉ.

Je chante, mais c'est pas mon opinion.

MICHEL, bas à Montauban.

Vois donc la Normande... fait-elle un nez ?

MONTAUBAN, bas à Michel.

Elle en aura la jaunisse !

LA NORMANDE.

Venez, vous autres !

MICHEL.

En route chez les délégués !

PIERRE.

Je vous recommande madame Rose !...

REPRISE ENSEMBLE

Sautez, bouchons, etc.

(Les gens de la Halle sortent.)

SCÈNE VI

LES MÊMES, puis ROSE.

LAURA.

Eh bien, nous avons eu du nez de venir ici... C'est rien rigolo !

STELLA.

Oui, mais, c'est banal... pas un type à creuser !

DUPONTET.

Cependant, cette Normande est bien en dehors...

NINETTE, le pinçant.

Dis donc, toi...

AMÉDINE.

C'est bien fait !

NINETTE.

Ça t'apprendra !

PIERRE.

Maintenant, nous en avons assez vu... allons-nous-en

STELLA.

Décidément, tu ne te plais pas à la Halle.

PIERRE.

Moi... si... mais c'est toujours la même chose.

DUPONTET.

Eh bien, réglons et partons à la criée !

TOUS.

Oui, partons ! (Dupontet et les femmes remontent ; les femmes entrent à droite.)

PIERRE, à part.

A la criée... je les lâcherai.

ROSE, en dehors.

Michel ! Montauban !... (Au fond.) Où sont-ils donc passés ?

PIERRE, à part.

Oh !

STELLA.

Tu sais, ne nous fais pas poser.

DUPONTET, à part.

Une rude femme, la Normande... je vais tâcher de la consoler... (Il s'esquive par le fond.)

SCÈNE VII

ROSE, PIERRE.

ROSE, sèchement.

Eh bien ?

PIERRE, voulant l'embrasser.

Maman !...

ROSE.

Minute, et réponds-moi d'abord! Qué que tu fais ici,
avec ces donzelles ?

PIERRE.

Je vais te dire...

ROSE.

Ne mens pas !

PIERRE.

C'est la faute à mon beau-père !

ROSE.

A M. Gibraltar ?...

PIERRE.

Il me taquine, il m'asticote constamment. Ce n'est pas
un beau-père que vous m'avez donné là... C'est une belle-
mère en pantalon.

ROSE.

Comment ça?...

PIERRE.

Sous prétexte qu'il adore les épinards il m'en fait
manger quatre fois par semaine.

ROSE.

Avec de la viande !

PIERRE.

Du veau que je ne peux pas souffrir... ce qui fait que
quand j'ai dîné à la maison, il faut que j'aille souper
pour me refaire.

ROSE.

Je comprends ça !

PIERRE.

Sans compter que quand je rentre, il ne veut jamais
me laisser seule avec Juliette... La nuit, il frappe à la
cloison... si je dors, ça me réveille; si je ne dors pas, ça
m'ennuie.

ROSE.

Je comprends toujours ça !... mais...

PIERRE.

Il dit que tout ça c'est pour conserver la fraîcheur de sa fille.

ROSE.

Imbécile !

PIERRE.

Vois-tu m'man, tu m'as marié trop jeune.

ROSE.

A dix-huit ans ?... je l'étais bien à seize... Est-ce que ça m'a empéché d'être une honnête femme ?

PIERRE

Ah ! maman.

ROSE.

Tu comptes sur ma faiblesse... je te pardonne toujours... tu en abuses.

PIERRE.

Alors, avant hier, comme il y avait quatre jours que j'étais condamné aux épinards...

ROSE.

Comme tu m'entortilles, avec tes épinards !...

PIERRE.

J'ai eu avec le père Gibraltar une discussien si violente, que je suis parti en écrivant à Juliette que j'allais à Tours, pour des affaires importantes.

ROSE, sévèrement.

Ainsi, depuis trois jours, tu fais la noce?...

PIERRE.

Dam! quand on ne fait rien, faut bien faire quelque chose !

ROSE, s'adoucissant.

Tu as raison... c'est la faute au père Gibraltar... pourquoi qu'il frappe toutes les nuits à la cloison, et qu'il lui fait manger des épinards ?... Tiens, embrasse-moi...

PIERRE, lui sautant au cou.

Ah ! maman !

ROSE.

Et dire que c'est mon fils !... (Avec admiration.)

I

Comme c'est bâti ! mais voyez donc !
Ces yeux, ce nez, cette figure,
Ces bras, ces mains, cette tournure !
Quel chef-d'œuvre que mon fiston !
Ton brave père y mit du sien,
De mon côté, j'y mis du mien,
Dieu nous aidant tout alla bien.

  On peut en rire,
  Mais vois-tu, mon ga,
  Faut bien le dire :
On ne travaille plus comm' ça !

II

Vos belles dames d'aujourd'hui,
Je ne sais comment ell's s'y prennent,
Mais les bébés qu'elles promènent
Ont tous un p'tit air rabougri.
Et pourtant, tout l' monde en convient,
Pèr' mèr', chacun y met du sien,
Mêm' d'autres que ça n' regarde en rien.

  On peut en rire,
  Mais vois-tu, mon ga,
  Faut bien le dire :
On ne travaille plus comm' ça ?

Assez causé... je ferme les yeux... Tu sais... j'ai tort...
je t'aime trop... Mais il ne faudrait pas que le père
Gibraltar apprenne jamais...

PIERRE.

Oh ! Dieu !... le père Gibraltar !...

ROSE.

C'est pour le coup qu'il jurerait... je crois l'entendre :
Crè mille chevrons !...

GIBRALTAR, au dehors.

Cré mille chevrons !

PIERRE, effrayé.

Hein ?

ROSE.

C'est lui... cache-toi... pas de bêtises !

PIERRE.

Ah ! dans ce cabinet !.. (Il disparaît à droite.)

SCÈNE VIII

ROSE, GIBRALTAR.

GIBRALTAR.

Ah ! c'est vous ?... pas malheureux !... J'arrive de la Halle, personne encore... ne m'interrompez pas... à votre place, une marmotte qui dormait...

ROSE, à part.

Suzon !

GIBRALTAR.

Je l'ai secouée... ça l'a réveillée... ne m'interrompez pas... elle m'a indiqué votre café... les militaires aussi, ont leur café... bonne habitude... on se retrouve... on cause... causons... Où est-il ?...

ROSE.

Qui ?

GIBRALTAR.

Le marsupiaux !

ROSE.

Le marsupiaux ?

GIBRALTAR.

Mon gendre, sacrebleu !... c'est clair !

ROSE, troublée.

Ah ! mon fils ?

GIBRALTAR.

Un drôle !

ROSE.

Dites donc, vous...

GIBRALTAR.

Je retire le mot, je le remplace... un polisson... ne m'interrompez pas... Parti depuis deux jours, sans tambour ni trompette... où est-il ?

ROSE.

Eh bien, il vous l'a écrit... il est à Tours!

GIBRALTAR.

A Tours... en Touraine... Bonne garnison... pruneaux, rillettes... ne m'interrompez pas... Pourquoi ne revient.il pas?... Il nous fait poser, cré mille millions!... Ma fille, ça m'est égal; moi, jamais... vieux militaire... trente ans, de services... six blessures... voulez-vous voir ? (Il se déboutonne.)

ROSE, vivement.

C'est inutile !

GIBRALTAR.

Bien... une autre fois... Juliette se désole... le jour, la nuit... j'ai beau frapper à la cloison...

ROSE.

Je vous conseille d'en parler de votre cloison...

GIBRALTAR.

Elle pleurniche... ça m'empêche de dormir... Alors, tout à l'heure, je lui ai dit avec douceur... (Très fort.) Cré mille millions! vas-tu finir?... « Je ne peux pas. » Alors, prends ton sac et en route!

ROSE, étonnée.

En route ?

GIBRALTAR, allant au fond.

Elle est là dans un fiacre... une guimbarde... mauvais cheval... ça ne marche pas... à réformer... (Se retournant vers la porte du fond.) ne m'interompez pas... Elle m'attend à la porte... une femme honnête n'entre pas ici, dans ce bouge... ne m'interrompez pas... Je lui ai dit : Je vais voir la mère Chose... Machin...

ROSE.

Chose?

GIBRALTAR.

Vous.... Rose... Rose Machin... si elle n'a pas de nouvelles, nous partons pour Tours, premier train...

ROSE, à part.

Ah! mon Dieu!

GIBRALTAR.

Nous fouillons les hôtels... les cafés..

ROSE.

Inutile de partir... j'en ai des nouvelles...

GIBRALTAR.

Le marsouin... il a écrit?

ROSE.

Le marsouin, oui... il revient ce matin!

GIBRALTAR.

Voyons la lettre!

ROSE, troublée.

La lettre?... c'est que...

GIBRALTAR.

Une blague, la lettre... nous partons pour Tours...
bonne garnison... rillettes, pruneaux... ne m'interrompez pas... et s'il n'y est pas, à mon retour, nous parta-
gerons.

ROSE.

Quoi?...

GIBRALTAR.

Ses oreilles... une pour lui, l'autre pour moi...

ROSE, vivement.

Toucher à mon fils!

GIBRALTAR.

Je n'y toucherai pas... un coup de sabre... Dzing!...
c'est fait!

ROSE.

Eh bien, essayez!

GIBRALTAR.

Pourquoi fait-il pleurer ma fille?

ROSE, s'emportant.

Pourquoi lui flanquez-vous des épinards toute la semaine.

GIBBALTAR.

Parce qu'il les aime.

ROSE.

Il les déteste !

GIBRALTAR.

Il les adore!

ROSE.

Non !

GIBRALTAR.

Si !...

ROSE.

Non!...

SCÈNE IX

LES MÊMES, JULIETTE, DUPONTET, puis BARIGOULE,
puis LES PERSONNAGES DU COMPARTIMENT DE DROITE.

JULIETTE, entrant, costume de voyage, suivie par Dupontet.

Mais, finissez, monsieur !...

DUPONTET, la suivant.

Mademoiselle, la discrétion la plus absolue... un buisson d'écrevisses?

JULIETTE.

Laissez-moi! (Courant à Gibraltar.) Ah! papa !...

DUPONTET, à part.

Bigre ! son père...

GIBRALTAR.

Qué qu'c'est qu'ça?...

JULIETTE, désignant Dupontet.

C'est monsieur qui s'est permis d'entrer dans le fiacre...

GIBRALTAR, saisissant Dupontet.

Cré mille millions!... nous règlerons ça tout à l'heure.

DUPONTET.

Mais, monsieur...

GIBRALTAR, le retenant.

Ne bougeons pas!

JULIETTE, allant à Rose.

Et mon mari?... mon Pierre...

ROSE, embarassée.

Pierre?...

DUPONTET, à part.

Bah! la femme de Pierre!...

GIBRALTAR.

Ne bougeons pas! (A Juliette). Un chenapan, ton mari, nous allons partir à sa recherche!

ROSE, à part.

Il va tout découvrir!

DUPONTET, bas à Barigoule.

Dix francs pour toi... prends ma place!

BARIGOULE.

Dix francs! (Dupontet se dégage, Gibraltar sans se retourner ance sa main et saisit Barigoule.)

GIBRALTAR, sans le regarder.

Ne bougeons pas!

DUPONTET.

Qu'ils s'arrangent!... (Il sort par le fond.)

GIBRALTAR, à Rose.

On va s'expliquer. (Il fait pirouetter Barigoule.) A nous deux, maintenant. (Ne le reconnaissant pas.) Hein!... Quel est cet oiseau là?...

BARIGOULE.

Que faut-il servir à monsieur?...

GIBRALTAR.

Cré mille millions! tu paieras pour lui. (Il tombe à coups de poings sur Barigoule qui se sauve.)

ROSE, criant.

M. Gibraltar !

JULIETTE.

Papa !

BARIGOULE.

A la garde, à la garde !

ROSE, à part.

Oh ! quelle idée !... (Criant aussi.) A la garde ! à la garde !...
(Tous les autres peronnages de la scène ouvrent la porte et paraissent.)

SCÈNE X

LES MÊMES, STELLA, NINETTE, AMÉDINE, GARÇONS,
SOLDATS, GENS DE LA HALLE, FOULE.

ENSEMBLE

BARIGOULE, LES GARÇONS.

A la garde ! à la garde !
Au secours ! au secours !
A venir, si l'on tarde
C'en est fait de $\left\{\begin{array}{c} \text{mes} \\ \text{ses} \end{array}\right\}$ jours !

LES CLIENTS.

Voici venir la garde ;
A porter du secours,
Jamais elle ne tarde
Et vient à temps toujours.

(Le brigadier et les soldats entrent.)

REPRISE ENSEMBLE

A la garde ! à la garde ! etc.

ROSE.

Brigadier, soyez mon sauveur,
Retenez bien ce malfaiteur.

LE BRIGADIER, à Gibraltar.

Je vous arrête!

GIBRALTAR, furieux.

Êtes-vous bête!...

LE BRIGADIER, parlé.

Heiu!...

GIBRALTAR.

Moi, m'arrêter, ancien soldat!
Trente ans de services, six blessures !
Je peux vous faire voir cela ! (*bis*)
C'est pas beau, mais, ce sont mes parures.

ROSE, au brigadier.

Le certificat est nouveau,
Il pourrait en valoir un autre.
Mais il n'prouv' pas que l'bon apôtre
D'un homm' tranquille soit dans la peau.

TOUS, riant.

Ah ! ah ! ah ! ah !... Bravo ! bravo !

GIBRALTAR, à Rose.

Je vous d'mande si ça vous r'garde.

ROSE.

Vous avez tort toujours (*bis.*)

LE BRIGADIER.

Il faut suivre la garde.

GIBRALTAR.

Mais, j'dois partir pour Tours.

ENSEMBLE

TOUS, sauf Juillette et Gibraltar.	GIBRALTAR.
Au poste le perturbateur!	Au poste, moi, perturbateur !
C'est ainsi chaque nuit aux [Halles	Ramassé la nuit dans les [Halles
Pour réprimer tous les scan- [dales	Comme ces faiseurs de scan- [dales
La patrouille vient en sondeur	Qu'on mène au poste avec ri- [gueur.
Au poste le perturbateur!	Au poste, moi, perturbateur.

JULIETTE.

Au poste, lui, mais quel malheur !
Arrêté la nuit dans les Halles
Comme ces faiseurs de scandales
Qu'on mène au poste avec rigueur,
Ah ! pour nous quel affreux malheur.

(à Rose.)
Eh ! quoi, c'est papa, qu'on emmène !

ROSE, à Juliette.

Rassurez-vous, rien n'est perdu,
Justice sera bientôt faite,
Et papa vous sera rendu !

GIBRALTAR, à Rose.

C'est à vous que je la confie
Pendant que je serai là bas !

JULIETTE.

Adieu, papa !

GIBRALTAR.

Bonsoir, chérie !

ROSE, à part.

Ainsi pour Tours ils ne partiront pas.

REPRISE ENSEMBLE

(On emmène Gibraltar, grand mouvement.)

(Rideau.)

ACTE DEUXIÈME

Le théâtre représente une travée du pavillon de la marée,
aux Halles centrales à gauche, la boutique de Rose avec
ses pierres, bassins, marbres, étalages, crocs, arrière-bou-
tique ; à côté, même boutique pour madame Pichard, fuyant
en perspective, d'autres boutiques, jusqu'au carrefour du
milieu, où s'élève une fontaine avec bassin, où les marchandes lavent leur poisson. — Au fond, le pavillon se con-
tinuant et au lointain les autres pavillons avec leurs en-
chevêtrements de-fonte et de fer. Il fait petit jour, au lever
du rideau, la cloche de la criée sonne, grand mouvement,
bruits confus, cacophonie générale. — Musique...

SCÈNE PREMIÈRE

LES MARCHANDS, accourant.

> La criée
> Est commencée,
> Vite allons
> Aux provisions,
> Achetons
> A la vente
> Ce qui nous tente
> Et nous le revendrons.

(Les maraîchers et maraîchères avec leurs limousines et leurs ac
coutrements pittoresques de paysans.)

> Nous sommes les maraîchers,
> Nous vendons à pleines hottes
> Choux, navets, poireaux, carottes,
> Légumes frais et pas chers !

LES PRIMEURS, marchandes élégantes.

Fruits savoureux et primeurs
Telles sont nos marchandises.
Nous offrons les plus exquises
Au palais des amateurs.

LES FLEURISTES, avec leurs éventaires.

Voulez-vous la fleur coupée,
Elle embaume, allons, messieurs.

LES MARCHANDES DE BEURRE, avec leurs tabliers bleus.

Voilà du beurre et des œufs
Ils sont pondus de la journée.

LE MARCHAND DE FROMAGE, tablier bleu.

Voilà l'régal
Du bon fromage !

TOUS, reculant.

Ah ! l'animal !
Quel voisinage !

MADAME PICHARD.

Nous sommes les femmes du bon ton,
Celles du pavillon,
Où l'on vend le poisson.
D'la Halle, nom d'un nom,
C'est la tradition
La poissarde, aye donc.
Donne toujours le ton.
On est solide et fraîche, on a ses agréments !
Hein ! quels yeux et quelles dents
Quels corsages puissants !
Demandez donc aux hommes
Qui s'y connaissent un brin,
Ils vous diront soudain
Que nous sommes, que nous sommes
Les belles Vénus
Nous sommes les Vénus de la Halle.

LES POISSARDES, des commères solides, bras nus, la poitrine
garnie.

Voilà les femmes du haut ton !
Mesdames les poissardes,
Tout' fort' en gueule, et pas mignardes
Dans le pavillon du poisson.

LES FORTS.

Nous sommes forts, et l'on s'adresse
A nous pour des lourds fardeaux ;
Pour que chacun nous reconnaisse,
Nous portons tous de grands chapeaux.
Nous sommes les forts
Aux puissants ressorts
Sans être butors,
On fait sans efforts
Dedans et dehors
Les plus forts transports
Nous sommes les forts
Aux puissants ressorts.

ENSEMBLE.

Et nous, les enfants de la Halle,
On achète, on vend, on étale
En appelant
Criant
Hurlant
Faisant un bruit assourdissant.

Reprise des motifs séparés des corporations et de l'ensemble : La
criée est commencée... En même temps la cloche et les crieurs et
acheteurs reprennent leur cacophonie de la Halle. Tableau.

SCÈNE II

DUPONTET, LA NORMANDE, MADAME PICHARD à son
étal, SUZON endormie dans sa boutique, puis GIBRALTAR,
puis MICHEL et MONTAUBAN, acheteurs, marchands, etc.

L'INSPECTEUR, aux marchands.

Allons! allons... à vos boutiques !

TOUS.

On y va... on y va.

GÉROMÉ, rencontrant Landrineau.

Tiens, vous v'là encore, père Landrineau.

LANDRINEAU.

Oui, j'ai remisé ma carriole... je veux savoir qui... qui sera nommée Reine !

GÉROME, riant.

En faut plus, des reines !

LANDRINEAU.

Pour rire, ça fait rien !

GÉROMÉ.

Allons flâner du côté du mastroquet, où sont les délégués ?...

LANDRINEAU.

Ça y est... je paie un verre. (Il bouscule Dupontet qui entre.)

GÉROMÉ.

Faites donc attention !...

LANDRINEAU.

Tiens ce gommeux !... En faut plus des gommeux. (Ils sortent.)

DUPONTET, se frottant sa manche.

Pouah ! ça sent le livarot... (Humant l'air.) C'est drôle, combiné avec cette odeur de marée... on se dirait à Trouville... c'est exquis.

L'INSPECTEUR, aux derniers marchands.

Allons ! allons !... (Il pousse Dupontet.)

DUPONTET.

Hein !

L'INSPECTEUR.

Oh ! pardon !

DUPONTET.

La criée est commencée... ces dames ne tarderont pas à venir... je n'ai pas osé rentrer au restaurant... j'ai eu peur d'y retrouver ce forcené, le beau-père de Pierre...

un vrai dogue... C'est singulier... depuis que je sais que
la jeune fille du fiacre est la femme de Pierre, je suis
pincé... J'ai toujours rêvé d'être l'amant d'une femme
mariée, et puis la femme d'un ami, ça a du montant.

LA NORMANDE, à son étal, arrangeant son poisson.

Etrennez-moi, mon bourgeois... un joli homard, frais
comme vous.

DUPONTET.

Un homard, merci,.. j'en ai déjà un... là... en plein
estomac.

LA NORMANDE.

Tiens, je reconnais ce museau-là !

DUPONTET.

La Normande !... Ah ! bien je suis content de vous retrouver... j'ai couru après vous, tout à l'heure... pour
vous consoler de la perte de la couronne... car je vous
trouve superbe, je vous trouve strogoff.

LA NORMANDE.

Strogoff !... pas de mots à double entende.

DUPONTET.

Non strogoff... c'est-à-dire : soignée comme mise en
scène.

LA NORMANDE.

Ah ! pour ça... un peu, mon neveu !

DUPONTET.

Et si vous vouliez me permettre...

LA NORMANDE.

Ah ! des moules... lâche-moi le coude, mon petit, voilà
des clients.

DUPONTET, effaré.

Des moules ! Ah ! quel genre...

MADAME PICHARD, à son étal.

Un beau mulet, mon beau monsieur... du goujon de
Seine.

DUPONTET.

De la friture... ça ne me réussit pas.

MADAME PICHARD.

Alors, qu'est-ce qu'il fait là planté comme un soliveau.

LA NORMANDE.

Ce mauvais moigneau.

DUPONTET.

On ne peut donc pas se promener.

MADAME PICHARD.

Va donc du côté des huîtres.

LA NORMANDE.

Tu te retrouveras en famille.

MADAME PICHARD.

Vieux grigou !

LA NORMANDE.

Qu'a pas le sou.

DUPONTET.

Ah ! mais... elles m'invectivent... positivement... elle
m'invectivent... (Il remonte.)

MADAME PICHARD.

Allons houste !

LA NORMANDE, prenant son balais.

Ou gare les jambes.

DUPONTET, sortant.

Je vais voir si je retrouve ces dames.

MADAME PICHARD.

De l'anguille... de la belle anguille !

LA NORMANDE.

Venez donc me voir, monsieur.

GIBRALTAR, entrant sans voir Dupontet.

Enfin ils m'ont lâché ! L'officier du poste... excellent
militaire... bonne tenue, trois blessures, il me les a
montrées, je lui ai montré les miennes... estime réciproque... nous avons causé de moi... et de ma fille... Je vois
votre affaire, m'a-t-il dit, histoire de femme... non, que je
lui ai répondu.

I

Nom d'un chevron ! de mon physique
On parla dans les garnisons
J'avais, j'le dis, un chic unique...
Pour enflammer les cotillons...
On cite Hercule, un homme habile,
Et neuf cents cocott's qu'il aima,
J'ai dégoté c'gaillard-là !
Comm' don Juan, j'ai passé l'mille.

(Parlé.) Qu'il a réitéré le mot de farceur !... Mais chut !
que j'ai répondu, n'interrompez pas.

J' suis en disponibilité,
J' n'vis plus que pour la famille,
J' pourrais être en activité

Mais...

J' suis en disponibilité,
C'est pour ma fille !

II

Nom d'un chevron ! que d'cuisinières
M'ont servi le premier bouillon,
Que d'aimables particulières
Mon troublé l'cœur et la raison !
Si j'pouvais mettre en grande tenue
Tout's les celles qui... que..., j'm'entends,
Ça f'rait deux ou trois régiments
Agréabl's à passer en revue.

(Parlé.) Qu'il a réitéré le mot de farceur !... mais chut !
que j'ai dit, ne m'interrompez pas.

J'pourrais être en activité,

Mais...

J'suis en disponibilité...
C'est pour ma fille !

(Parlé.) Poigné de main, estime réciproque.. lâché.. (Allant
à Suzon.) Eh la marmotte ! (Criant.) La marmotte !

SUZON, s'éveillant.

Qui... quoi ? Du merlan... tout frais d'hier !

GIBRALTAR.

Madame Rose ?

SUZON.

De l'alose... n'en reste plus !

GIBRALTAR, s'emportant.

Madame Rose... Cré mille millions.

SUZON.

Fallait le dire tout de suite !... elle est à la criée.

GIBRALTAR.

Bon, reprends ton somme ! (Suzon se rendort.) En route il m'est venu une idée...

DUPONTET, rentre, regarde de différents côtés, se reconnaissant.

Tiens !... me voilà encore revenu ici... on se perd dans ces allées.

GIBRALTAR.

Si mon gredin de gendre n'est pas rentré... au lieu d'aller à Tours... en avant... arche... chez l'avoué !... (Il heurte Dupontet.) Ah ! pardon, excuse.

DUPONTET, le saluant.

C'est au contraire, moi, monsieur... (Le reconnaissant, à part, avec effroi.) Oh ! le dogue.

GIBRALTAR, le regardant.

Tiens ! c'est bizarre... cette figure !

DUPONTET, cloué sur place, à part.

Je suis pris !...

GIBRALTAR.

Je vous ai déjà vu quelque part... il y a longtemps.

DUPONTET, à part.

Il ne me reconnais pas ! (Se remettant, haut.) En effet, monsieur... moi-même.

GIBRALTAR, cherchant.

Attendez donc... je vais trouver...

DUPONTET, à part.

Bigre !...

GIBRALTAR.

Chez Camescousse ! Vous connaissez Camescousse ?

DUPONTET, avec aplomb.

Si je connais Camescousse... parbleu, un grand... un brun.

GIBRALTAR.

Non, un petit blond...

DUPONTET.

Parfaitement... et il va bien, Camescousse ?

GIBRALTAR.

Très bien, il est mort.

DUPONTET, à part.

Ah ! tant mienx !

GIBRALTAR.

Vous viendrez me voir... je vous présenterai à ma fille...

DUPONTET, à part, avec joie.

Tiens !... mais ça me va... (Haut.) Ah ! vous avez une fille ?

GIBRALTAR.

Un ange !... un martyr... mon gendre, un galopin, je vais plaider contre lui !...

DUPONTET, à part.

Bravo, ça me va toujours.

GIBRALTAR.

Voici ma carte.

DUPONTET, d'abord effrayé.

Hein ?... vous voulez donc ?

GIBRALTAR.

Faire votre connaissance...

DUPONTET, satisfait.

Ah! très bien !...

GIBRALTAR.

La vôtre !...

DUPONTET, lui donnant sa carte.

La voici !...

MICHEL et MONTAUBAN, entrant avec un grand panier et bousculant Dupontet et Gibraltar.

Rangez-vous donc, tas de feignants.

DUPONTET.

Encore !

GIBRALTAR.

Cré mille millions !...

MONTAUBAN.

C'est pas un salon de conversation, ici. (A Suzon; en déposant son panier.) Pour madame Rose !

MICHEL, à Suzon.

La criée vient de finir... ouvre l'œil.

GIBRALTAR.

A bientôt, cher monsieur. (A lui-même.) Allons d'abord tranquilliser ma fille... Et voir si mon marsupiaux de gendre est rentré. A bientôt.

DUPONTET.

A bientôt. (Ils so serrent la main.)

GIBRALTAR.

Estime réciproque... A bientôt ! (Il sort par le fond.)

DUPONTET.

Il ne m'a pas reconnu... C'est épatant ! mieux que ça, strogoff... tout à fait strogoff ! Et dire que c'est lui qui me présentera à sa fille ! Si elle allait me reconnaître... Oh ! avec de l'aplomb.

LA NORMANDE, à part.

Ah ça ! est-ce qu'il va rester longtemps en espalier, celui-là... Attends ! (Elle prend un sceau d'eau.) Gare les jambes !

DUPONTET, sortant.

Et dites donc.

MADAME PICHARD.

Faut ben qu'on arrose... c'est le règlement !

DUPONTET.

Allez au diable.

LA NORMANDE.

Va donc, méchant porte-veine !

DUPONTET.

Porte-veine, je vais aller me plaindre au bureau de l'inspecteur.

LA NORMANDE.

Va donc à la burette.

TOUTES LES MARCHANDES.

A Chaillot ! gêneur, gommeux !... Eh Sophie... reconduisez donc monsieur !... (On accompagne Dupontet, la clameur va en s'éloignant.)

TOUS, riant.

En voilà une conduite.

SCÈNE III

LES MÊMES moins **GIBRALTAR** et **DUPONTET, ROSE,** acheteurs, marchands.

ROSE, arrivant par le fond avec un panier de poissons, suivie de Michel, Montauban, d'acheteurs et marchands.

Eh bien ! dites donc, les amours ! si c'est comme ça que vous apprivoisez le client.

MICHEL.

Un pierrot.

MONTAUBAN.

Un mauvais flâneur.

ROSE.

Le flâneur !... c'est de la graine de client... La Halle, c'est le marché de tout le monde... le garde-manger universel... et, comme dit M. Zola, le ventre de Paris.

AIR :

Rayonnant sur la ville entière,
Foyer de tous les appétits,
Voilà la grande fourmilière,
Voici le ventre de Paris.

Il est minuit, dans la nuit sombre,
Les maraîchers par les chemins
S'approchent, émergeant de l'ombre,
Charrettes et tombereaux pleins.

L'aube se lève sur le prisme
Des verts légumes, des fruits d'or,
Image de pur réalisme
Que les fleurs augmentent encor.

Puis, de tous les coins de la Halle,
Mille cris s'élèvent perçants,
Harmonie encor sans égale
Dans les tons les plus différents.

De la fruitièr' la voix caresse
A pleins poumons tous les échos :
« La tendresse, la verduresse,
« Artichauts, les bons artichauts. »

Plus loin, c'est ce refrain alerte :
« Pois verts, bons pois verts au boisseau; »
Ou : « Cassez, cassez la noix verte; »
Ou : « l'chasselas de Fontainebleau. »

« La bell' violett', dit la bouqu'tière,
« Elle embaume... fleurissez-vous ;
« Y glaç', y glaç', dit l'harengère,
« La bonn' moul', la moule aux cailloux. »

Car pour les cris que l'on remarque
La poissarde a l' bon numéro.
« A la barque ! à la barque ! à la barque !
« Il arriv'... il arriv'... l'maquereau. »

Rayonnant sur la ville entière,
Foyer de tous les appétits,
Voilà la grande fourmilière !
Voilà le ventre de Paris !

                              MICHEL.

    C'est tapé, ça.

MONTAUBAN.

Vois-tu, si les délégués ne la nomment pas reine...
c'est des muffats.

MICHEL.

Ils la nommeront.

MONTAUBAN.

Et quand saurons-nous la chose?

MICHEL.

Avant une heure... Ils viendront ici proclamer le
scrutin.

MONTAUBAN.

Malheur!... si c'est pas elle, je cogne. (Ils remontent.)

ROSE, qui est allée à sa boutique.

Maintenant, faut faire l'étalage... (Secouant Suzon.) Eh
ben!... dis donc, toi, toujours à taper de l'œil... voilà des
clients.

SUZON, s'éveillant.

On y va, patronne, on y va.

ROSE, prenant un sceau, à part.

Pierre a dû rentrer chez lui... me v'là tranquille. (Michel et Montauban sortent par le fond en emportant des paniers, mouvement général. Des acheteurs hommes et femmes entrent. Rose est revenue à sa place, lave son poisson, etc.)

MADAME PICHARD, à une dame.

Venez donc me voir, ma petite mère.

LA NORMANDE, à une autre dame.

De la bonne limande... elle glace!...

ROSE, grattant une grosse sole.

En v'là une qu'est dure à déshabiller. (A un monsieur qui touche les poissons de son étalage.) Inutile de tâter, mon brave
homme, c'est aussi frais que madame votre épouse...

LE MONSIEUR.

Insolente! (Il s'éloigne.)

ROSE.

De quoi? Il se fâche! c'est donc que madame est ava-
riée... (Rires.)

L'INSPECTEUR, sortant de la foule et se précipitant vers Rose.

Avarié!. . où y a-t-il de l'avarié?

ROSE.

On plaisante, mon inspecteur.

L'INSPECTEUR, à la Normande.

Attention!... ou je vous flanque à pied pour huit jours.

LA NORMANDE.

Oh ! inspecteur de mon cœur... flairez-moi un peu cette marée !

MADAME PICHARD.

Et ça, si vous avez un peu de nez.

LES AUTRES, lui mettant du poisson sous le nez.

Et ça... et ça...

ROSE, intervenant.

Mesdames... faut pas abuser du nez de monsieur l'inspecteur... son nez, c'est sa sonde... (On rit.)

L'INSPECTEUR.

C'est bon ! c'est bon. (Il sort au milieu des rires.)

ROSE.

Nom d'un brochet !... j'ai oublié le maître d'hôtel du Continental ! un dîner politique... où y aura deux ministres... faut pas oublier les homards.

SUZON.

Des ministres!... mazette.

ROSE.

Et les ministres, c'est comme la marée... ça ne se conserve pas ! faut les soigner... Attention, Suzon, je vas au factage.

SUZON.

Bien, madame Rose.

SCÈNE IV

LES MÊMES, moins ROSE, puis CLARA.

MADAME PICHARD, aux clients qui passent.

La bonne limande, la raie tout en vie.

SUZON.

Des soles !... des barbues !... homards... langoustes.

CLARA, entrant.

Bonjour, mademoiselle Suzon.

SUZON.

Tiens !... mademoiselle Clara !... Il vous faut quelque chose, ce matin.

CLARA.

Je crois bien... nous donnons à souper, ce soir... après le spectacle.

SUZON.

Ah ! ah !... regardez-moi ça...

CLARA.

Un turbot ! il est superbe... Combien ?

SUZON.

Douze francs.

CLARA.

Je le prends.

SUZON.

Sur combien qu'il faut vous rendre ?

CLARA.

Me rendre !... pas la peine ! vous mettrez ça sur la note de mademoiselle Stella.

SUZON.

Ah ! non... je ne peux pas... la patronne veut de l'argent comptant.

CLARA.

Ne voilà t'il pas, pour quelques centaines de francs.

SUZON.

C'est pas mon affaire... c'est la patronne qui...

CLARA.

Eh ben, je vais lui parler, à la patronne... où est-elle ?

SUZON.

Elle va venir !

CLARA.

En ce cas, je vais faire un tour au gibier... et je reviens... mettez le turbot do côté. (Elle sort.)

SUZON.

Est-elle effrontée, celle-là !

MADAME PICHARD.

Qué qu' c'est que sa maîtresse, à cette luronne ?

LA NORMANDE.

Une actrice, ma chère... ça attrape des diamants aussi facilement que nous des gerçures aux mains.

SUZON.

Et ça doit deux cent cinquante francs de poisson... malheur !

LA NORMANDE.

J'ai de la belle limande !

MADAME PICHARD.

Du beau merlan !

SUZON.

La raie toute en vie ! (Mouvement.)

SCÈNE V

LES MÊMES moins CLARA, puis JULIETTE, puis DUPONTET.

JULIETTE, entrant par la droite.

Pierre n'est pas encore de retour, et cependant belle-maman m'avait assuré... Ah !... (A sa boutique.) madame Rose...

SUZON.

Madame Rose n'est pas là.

JULIETTE.

Allons, bon !... elle n'est pas là... et papa qui n'est pas rentré non plus !.... Ils l'auront gardé au poste ! je ne sais que devenir.... que faire...

DUPONTET, venant du fond, à part.

Tiens ! encore ici ?... Ah ça ! je tourne toujours... (Apercevant Juliette.) C'est elle !... profitons de l'occasion !... Madame !

JULIETTE, à part.

Ah ! encore ce monsieur.

DUPONTET.

Ne me fuyez pas, madame... vous cherchez, sans doute, monsieur votre père... je le quitte à l'instant.

JULIETTE, avec joie.

Ah ! papa est donc sorti du poste ?

DUPONTET.

Oui... papa... c'est-à-dire votre père... nous avons causé... ici tout à l'heure... Il m'a même donné sa carte.

JULIETTE, effrayée.

Pour vous battre ?

DUPONTET.

Rassurez-vous... c'était un malentendu... nous sommes les meilleurs amis du monde.

JULIETTE.

Ah ! tant mieux.

DUPONTET.

Nous ne nous étions pas reconnus d'abord, mais nous nous sommes vus souvent chez Camescousse.

JULIETTE.

Ah ! vous connaissez Camescousse ?

DUPONTET.

Beaucoup, Camescousse... beaucoup ! et croyez bien que si j'avais su qui vous étiez, je ne me serais pas permis cette nuit...

JULIETTE.

Oh ! je n'y pense plus, et vous dites que papa est ici ?

DUPONTET.

Il avait à parler à madame Rose, et il doit être du côté de la criée.

JULIETTE.

Je vais le rejoindre !...

DUPONTET, lui offrant son bras.

Voulez-vous me permettre ?...

JULIETTE.

Non, ne m'accompagnez pas, je vous en prie...

DUPONTET, la saluant respectueusement.

Je vous obéis, madame !

JULIETTE, à part.

Il est très bien, ce monsieur ! (Elle sort.)

SCÈNE VI

LES MÊMES, moins JULIETTE ; puis STELLA, NINETTE,
AMÉDINE, LÉA, LAURA, FRISETTE.

DUPONTET.

Parfait ! me voilà au mieux avec le père et la fille.

NINETTE, apercevant Dupontet.

Enfin on vous retrouve.

DUPONTET, à part.

Ninette... pristi !

STELLA.

Eh bien ! où donc êtes-vous passé ?

DUPONTET.

Je vous attends depuis une heure; et Pierre, qu'en avez-vous fait ?

STELLA.

Il s'est éclipsé au sortir du restaurant.

LAURA.

Il se retrouvera.

NINETTE.

Tâche de mettre la main dessus, nous déjeunons tous chez Stella.

DUPONTET.

Eh bien ! que dites-vous des Halles ?

STELLA.

C'est désolant, pas moyen d'assister à une empoignade.

LA NORMANDE.

Du beau poisson...

STELLA, à part.

Voilà mon affaire, une gaillarde !

LA NORMANDE, à part.

Tiens ! les belles dames qui nous ont versé du champagne... Soyons aimable...

STELLA.

Combien celui-là ?

LA NORMANDE.

Ce qui vous plaira, ma belle mignonne.

STELLA.

Merci, il n'a pas l'air fameux.

LA NORMANDE.

A un autre jour, mes belles demoiselles.

STELLA.

Mais ce ne sont plus des poissardes, ce sont des demoiselles de chez Boissier.

AMÉDINE.

Allons ailleurs.

STELLA.

Nous serons peut-être plus heureuses. (Elles sortent.)

NINETTE.

Venez-vous, Dupontet ?

DUPONTET.

Je vous suis ; je vais tâcher de retrouver Pierre. (A part.) C'est-à-dire sa femme. (Réfléchissant et tirant son carnet.)

MADAME PICHARD, le montrant à ses voisines.

Décidément, il est collant, celui-là !... si on l'enlevait et qu'on le flanque dans le bassin ?

LA NORMANDE.

J'y pensais... ça lui rafraîchirait les idées.

SUZON.

Attendez donc... j'ai mieux que ça. (Elle accroche un homard à une poche de Dupontet.)

DUPONTET.

Hein !... aïe !... quoi !... qu'est-ce que c'est... aïe ! un homard... ah ! que c'est bête... moi qui ne peut pas les souffrir... (Il l'arrache et se sauve.)

TOUTES.

Ah ! c'tte tête !... à la chie-en-lit ! Ohé ! Mathieu !... eh ! gommeux !...

ROSE, entrant.

Encore !... toujours des farces aux clients.

LA NORMANDE.

Un Iroquois !

MADAME PICHARD.

Un serin !

SUZON.

Un gommeux !

ROSE.

Je viens de soigner mes ministres.. Pauvres chéris ! s'il n'ont qu'un quart d'heure de bon temps, c'est moi qui le leur aurai donné... (Elle va à sa boutique.) J'ai passé au restaurant, Pierre est parti... il doit être rentré chez lui... tout va bien !

PIERRE, se précipitant en scène, essoufflé.

Ah ! ai-je couru !

ROSE.

Comment !... encore toi ?...

LA NORMANDE, à part.

Tiens, le jeune homme au champagne.

PIERRE.

Oui, maman !...

LA NORMANDE, à part.

C'est son fils... (Haut.) Dites donc, madame Rose, mes compliments sur votre jeune homme.

ROSE.

Eh bien ! oui... c'est mon fils... n' faites pas attention, nous avons du linge à laver en famille. (A Pierre.) Alors t'es pas encore rentré chez toi ?

PIERRE.

Je vais te dire... laisse-moi respirer... j'étais presque

à notre porte, lorsque M. Gibraltar est sorti de la maison...
il m'a aperçu et il a poussé un si gros juron, que je me
suis sauvé... il s'est mis à ma poursuite, mais comme j'ai
de meilleures jambes que lui...

GIBRALTAR, en dehors.

Faites donc attention, imbécile !

PIERRE, avec effroi en apercevant Gibraltar qui entre
par le fond.

Oh !... M. Gibraltar !

ROSE.

Fourre-toi dans mes jupons. (Pierre se cache derrière ses
jupons.)

GIBRALTAR, il tourne autour de Rose qui tourne aussi en étalant
ses jupons, afin de cacher Pierre qui tourne en même temps que
Rose.

Ne pivotez pas, je l'ai vu!... (Saisissant Pierre et le lançant
au loin.) Cré mille millions !

ROSE, s'interposant vivement.

Ah ! ne cassez pas mon fils !

GIBRALTAR.

Je me modère... je ne tape pas !

ROSE.

C'est bien heureux... Eh ben ?... vous voyez... il arrive
de Tours.

PIERRE

Oui, j'arrive de...

GIBRALTAR.

Cré mille... (Changeant de ton.) Non !... je me modère...
j'ai changé d'idées... Avant une heure chez l'avoué.

ROSE et PIERRE.

Chez l'avoué ?

GIBRALTAR.

Un procès... une séparation...

PIERRE.

Un procès ?

ROSE.

Une séparation ?

GIBRALTAR.

Chacun de son côté... votre fils au diable, et ma fille au couvent !...

ROSE.

Au couvent! en voilà une idée... vous qui vouliez avoir des petits-enfants.

GIBRALTAR.

Et je le veux toujours !

ROSE.

Et vous croyez que c'est en envoyant le mari au diable et la fille au couvent que ça viendra ?

GIBRALTAR.

Non, mais...

PIERRE.

C'est vous qui nous troublez.

GIBRALTAR.

Moi !

ROSE.

En frappant à la cloison.

GIBRALTAR.

Comment, ça les trouble ?

PIERRE.

Mais certainement.

I.

Oui, cette cloison est la cause
De tout ce qui vient d'arriver !
Quand à sa femme un mari cause
Le moindre bruit peut le troubler...
Et quand il vient tout feu, tout flamme,
Faire la conversation,
Il ne faut pas près de sa femme
Qu'un mari craigne la cloison.

II

Ce qu'il faut surtout en ménage
C'est le mystère et le secret,
L'amour a peur du voisinage
Et du témoin le plus discret.
On sent des lèvres que s'élance
Un mot rempli de passion...
Mais, crac ! on perd son éloquence,
Quand on a peur de la cloison.

GIBRALTAR.

Cré mille millions... c'est vrai que c'est moi...

PIERRE.

Alors, j'ai été entraîné... c'est un ami qui m'a présenté
à une étoile des Gouffres Parisiens.

GIBRALTAR.

Une cabotine!... Tromper ma fille !...

ROSE.

Eh bien ! voyons... vous avez été marié, n'est-ce pas ?

GIRRALTAR.

Parfaitement! et je n'ai rien à me reprocher... j'ai
trompé ma femme comme pas un... ne m'interrompez
pas... Mais quand je trompais Eulalie, elle n'en savait
rien.

ROSE.

Votre fille n'en saura pas davantage.

PIERRE.

En ne lui disant pas ?

GIBRALTAR.

C'est juste!... (A Pierre.) Avance à l'ordre... et si tu me
promets des mioches... à cette condition, je te pardonne.

PIERRE.

Dam, beau-père, je ferai mon possible.

RÓSE.

Il fera son possible...

SCÈNE VII

LES MÊMES, SUZON, puis ROSE, MICHEL, MONTAUBAN.

SUZON, entrant.

Patronne ! voici votre belle-fille qui vous cherche à la criée.

PIERRE et GIBBALTAR.

Juliette !

ROSE, empêchant Pierre de se sauver par le fond.

Elle va te rencontrer.

GIBRALTAR, désignant le premier plan à gauche.

Sauve-toi par ici. (Pierre disparaît vivement.)

JULIETTE, entrant à Rose.

Enfin je vous trouve. (Apercevant Gibraltar.) Ah ! papa.

GIBRALTAR, embarrassé.

Oui, c'est moi !...

ROSE, embarassé aussi.

C'est nous !...

JULIETTE.

Décidément, qu'avez-vous donc ? Vous ne m'embrassez pas, et toi papa.

GIBRALTAR.

Je suis content, très content.

JULIETTE.

Vous avez des nouvelles de Pierre.

ROSE.

Il arrive aujourd'hui !

JULIETTE, très joyeuse.

Vraiment ? Ah ! comme je vais le gronder.

SCÈNE VIII

LES MÊMES, moins PIERRE, CLARA.

SUZON, qui causait depuis un instant avec Clara.

Parlez à la patronne... si elle veut vous faire crédit... Patronne !

ROSE.

Quoi qu'il y a ?

SUZON.

C'est ce turbot pour mademoiselle Stella.

ROSE.

Du crédit ? n'en faut plus !... Votre note se porte assez bien comme ça...

CLARA.

On vous la paiera demain, votre note.... Depuis trois jours, mademoiselle Stella a un nouvel adorateur très-chic... un boursier...

ROSE.

Un boursier ?... C'est pas solide ? ça file, n'en faut pas.

CLARA.

Pas solide, une réputation de la Bourse.... M. Pierre Planchon ?

JULIETTE.

Mon mari ? il me trompe.

ROSE, à part.

Patratras.

GIBRALTAR.

Cré mille millions.

ROSE, à Clara, en la menaçant.

Veux-tu te sauver, malheureuse ? (Clara se sauve.

JULIETTE.

Ainsi, ces trois jours, c'est avec mademoiselle Stella qu'il les a passés.

ROSE.

Mais non, il y a erreur ?...

GIBRALTAR.

Ne vas pas croire.

JULIETTE, avec dépit.

Oh ! ça m'est bien égal ?... mon mari peut faire tout ce qu'il voudra... seulement, de mon côté, je suis libre, et je sais bien ce que je ferai ?

GIBRALTAR, bas à Rose.

Bigre ! ça se gâte !...

ROSE, bas à Gibraltar.

Faut rapapilloter ça ? (Bruit confus au dehors grand mouvement, au fond musique allant crescendo.) Qué qu'y a ?

SUZON.

Ce sont les délégués qui viennent proclamer la reine.

GIBRALTAR, à Juliette.

Viens fifille, rentrons à la maison... moi, je me charge de retrouver mon marsupiaux de gendre ?

ROSE.

Et je vous aiderai ? soyez tranquille allez, mon enfant. (Tous les personnages de l'acte, gens et dames de la Halle, acheteurs, marchan ls arrivent de tous les côtés précédés des délégués.)

SCÈNE IX

TOUS LES PERSONNAGES DE L'ACTE. LES DÉLÉGUÉS, gens de la Halle, etc.

ENSEMBLE

Voici les quatre pavillons :
Fruits, légumes, viande, poissons,
Les délégués, l'âme sereine,
Qui viennent proclamer la Reine,
Reine des quatre pavillons.

MICHEL, s'avançant avec solennité, un gros bouquet à la main et l'air embarrassé.

Eh bien, pour lors, voilà la chose,
Pour la fameuse Royauté

(Changeant de ton plus familièrement.)
Nommée à l'unanimité,
La Reine c'est madame Rose.

TOUS, avec explosion.

C'est madame Rose !
Viv' madame Rose !

En l'honneur de la Reine un ban
Pan, pan, pan, pan, pan, pan,

ROSE, très émue.

Quoi vraiment, c'est moi qu'est vot' Reine,
Je n'sais pas c'que ça m' fait dans l' cœur,

(S'essuyant les yeux.)
Des larmes ?... J'ai pourtant pas d' peine,
On peut donc pleurer de bonheur ?

(Changeant de ton, avec joie, aux délégués.)
Eh ben ? oui, j'accepte, je m'emballe ;
Pourquoi que j' ferais ma bouche en cœur !
Car être Reine de la Halle
Pour moi c'est comme ma croix d'honneur.

TOUS, avec explosion.

C'est madame Rose
Vive madame Rose
En l'honneur de la reine un ban
Pan, pan, pan, pan, pan, pan, pan, pan.

STELLA, arrivant avec Amédine et Ninette, et les autres.

Ah venez donc... et quelle aubaine
De la Halle on va voir la reine.

LA NORMANDE, à Rose.

Ce sont les cocott's de tantôt,

ROSE, les reconnaissant.

Cell's qui soupaient avec Pierrot !

(Aux actrices.)
Vous hors d'ici,

STELLA, riant.

Pourquoi... que veut cette poissarde ci ?

ROSE, bondissant.

(Parlé.) Poissarde ?

J'aim' mieux êtr' poissarde que cocotte !
J'suis fier' de ma position !
Vaut mieux sur l' dos porter la hotte,
Et pouvoir partout lever le front

4.

J'sais bien qu' les cocott's n'ont pas honte
Du métier qui les enrichit,
C'est le contrair' des cocott's en fonte,
Plus ça voit l' feu, moins ça rougit.

(Aux gens de la Halle.)

Ohé ! les autres,
Les bons apôtres,
Marchands et forts,
Vous pouvez nous j'ter ça dehors,
C'est pas des nôtres.

STELLA.

Bravo !
C'est bien là ce qu'il me faut,

TOUS.

Elle se moqu' de notre reine.

ROSE, aux gens de la Halle.

N'vous mettez pas en peine.

STELLA.

Je vais tâcher d'imiter ça.

(Imitant.)

« Ohé ! les autres ! »

TOUS.

Ah ! ah ! ah !
Non ce n'est pas encore ça.

STELLA, imitant.

« Ohé ! les autres ! »

TOUS, à Rose.

Comment vous supportez ça ?

LES FEMMES DE LA HALLE.

Sortez d'ici tout de suite,
Ou nous vous faisons la conduite.

LES FEMMES.

Ne faites pas les chipies !
Ne faites pas vos sophies !

STELLA.

Montrez-nous comme se déballe
L'argot de la Halle.

ROSE.

Ohé ! les autres !
Les bons apôtres, etc.

LES GENS DE LA HALLE.
Ohé ! les autres !
Les bons apôtres
Marchands et forts,
Reconduisons ces dam's de-
[hors,
C'est pas des nôtres.

LES ACTRICES EFFRAYÉES.
V'là tous les autres.
Les bons apôtres.
Marchands et forts,
Qui veulent nous jeter dehors

Les bons apôtres.

(Mouvement général. Les femmes reculent poursuivies par les dames
de la Halle.)

(Rideau.)

ACTE TROISIÈME

Premier Tableau

Le théâtre représente un foyer de théâtre, très élégant. Bancs
en velours, chaises, fauteuils, une grande psyché. Grande
porte d'entrée à droite ; au fond, grande porte d'entrée
à gauche conduisant en scène, à gauche, au fond, porte
sur laquelle on lit : Régie.

SCÈNE PREMIÈRE

**Le RÉGISSEUR, NINETTE, AMÉDINE, LEA, SOLANGE,
FRISETTE, LAURA, Danseuses, Actrices.**

CHŒUR

Ah ! quel trac, un jour de première !
Mais en tout c'est ainsi, je crois...
On a toujours peur de mal faire
Ce qu'on fait la première fois.

LE RÉGISSEUR.

Charmantes !

L'AVERTISSEUR, remettant une lettre.

Très pressée !

LE RÉGISSEUR, la parcourant.

Allons, bon !

TOUTES.

Qu'y a-t-il ?

LE RÉGISSEUR.

Mademoiselle Jeanne de Palaiseau et mademoiselle Renée
d'Outremanche sont indisposées, impossible de venir.

AMÉDINE.

Allons donc !...

LÉA.

Ou la connaît !...

LE RÉGISSEUR.

Un jour de première, c'est raide... mais enfin il faut les remplacer... Mademoiselle Laura et mademoiselle Léa, vous direz leurs couplets.

LAURA.

Ah! flûte... je ne les sais pas!...

SOLANGE.

Cette chipie de Palaiseau !..,

LE RÉGISSEUR.

Silence... quand la noblesse se met au théâtre... ce n'est pas pour y donner le bon exemple... y sommes-nous?... Voyons, Ninette, donne-leur le ton.

AMÉDINE.

Et la réplique...

TOUTES.

Allons-y...

NINETTE.

I

La gross' Jeannette aim' les oiseaux
Qui chantent sous les grands ormeaux,
    Tirelirli tirlo.
Colas qui veut plaire à Jeannette
Cherche un moyen qui soit nouveau...
    Tirelirli tirlo.
  Il s'en va trouver la fillette
  Et lui dit ce tendre mot:
    Tirelirli tirlo.
Mam'zelle, comm' vous j'aim' c'te p'tit bête
  Qu'on nomme oiseau.

II

N'est-ce pas, lui dit la grosse Jeannette
Qu'c'est bien joli, que c'est bien beau ;
    Tirelirli tirlo.

Mais l'gros Colas qui n'est pas bête,
Lui dit : T'es plus bell' qu'un oiseau...
· Tirelireli tirlo.
Et crac, voilà qu'il la béquette,
Ell' rougit aussitôt,
Tirlirli tirlo.
Et Colas épousa Jeannette
Pour un oiseau.

LE RÉGISSEUR.

Eh bien, ça va... pas d'émotion... et restez dans le ton.

FRISETTE.

On y restera.

NINETTE.

C'est un peu salé... ça fera plaisir au *Gil-Blas*.

LE RÉGISSEUR.

Tenons-nous prêts, hein...

SCÈNE II

LES MÊMES, MICHEL, MONTAUBAN.

L'AVERTISSEUR.

Tenez, parlez au régisseur.

LE RÉGISSEUR.

Qu'est-ce que c'est ?

MICHEL.

C'est nous... Pardon, mesdames...

LE RÉGISSEUR.

Comment êtes-vous entrés ici ?

MONTAUBAN.

C'est des camarades... vos machinistes...

LE RÉGISSEUR.

Qu'est-ce que vous voulez ?

MONTAUBAN.

Nous sommes là haut...

LE RÉGISSEUR.

Où ça ?...

MONTAUBAN.

Nous venons du paradis, quoi !

LE RÉGILSEUR.

Ah ! vous êtes dans la salle.

MICHEL.

Oui... au coin, tous deux en bras de chemise...

MONTAUBAN.

Avec tous les autres de la Halle au beurre, aux fruits, aux poissons...

FRISETTE.

Mais je les reconnais de cette nuit...

MICHEL.

Et nous aussi, même qu'on a trinqué...

MONTAUBAN.

Et alors, comme vous jouez une pièce de dessus nous autres, on a voulu voir...

MICHEL.

Même que les délégués sont en bas, et comme il y a une grande fête à la Halle demain, ils ont dit : Tiens, faut inviter ces petites mères-là... (Se reprenant.) Oh ! pardon...

LE RÉGISSEUR.

Bonne idée !... Voilà une réclame. Accepté.

TOUTES.

Nous irons !

LE RÉGISSEUR.

Tout le monde ira... et chauffez la pièce, mes amis, chauffez la pièce...

MICHEL.

Soyez tranquille, pour les battoirs à nous les forts.

LE RÉGISSEUR.

Je vais vous faire passer par la porte de communication.

MONTAUBAN.

Mesdames...

MICHEL.

Mesdames...

TOUTES.

Messieurs... (Ils sortent.)

SCÈNE III

LES MÊMES, moins LE RÉGISSEUR, MICHEL, MONTAU-
BAN, puis STELLA.

LAURA.

Il faut être poli, avec ces gens-là.

FRISETTE.

Surtout un jour de première...

SOLANGE.

Avec ça que j'ai un trac.

NINETTE.

Moi pas...

LÉA.

Tu as dans la salle tant d'amis !...

AMÉDINE.

Et de si belles épaules...

NINETTE.

C'est pas l'administration qui les fournit... sans ça...

LAURA.

Dites donc, j'ai reçu deux lettres de messieurs qui
m'invitent à souper... Lequel faut-il choisir ?

NINETTE.

Parbleu ! le plus riche.

SOLANGE.

Non... celui que tu préfères.

STELLA, paraissant.

Ne fais pas ça, ma petite... prends celui que tu aimeras
le moins.

AMÉDINE.

C'est pratique...

LAURA.

J'y avais songé...

NINETTE.

Que ton costume est joli...

STELLA.

Ce qui ne m'empêche pas d'avoir grand peur.

RONDEAU

J'ai peur, j'ai peur, j'ai peur,
Surtout à la première,
De ce public moqueur
Qu'un rien rend si sévère.
Je vois cela d'ici,
C'est la salle houleuse,
Fiévreuse, tapageuse
Où sur tout, et de tout l'on médit.
Ici, des gens de Bourse
Parlent primes, report...
Et là des gens de sport
Discutent une course.
On se montre Tata
Qui ruine le vicomte;
Et du cercle on raconte
Le dernier baccarat.
Tenant les premiers rangs
La jeune et vieille garde
Montrent leurs diamants
Et comment, et comment on se farde.
Puis dès qu'un bravo part
Les bons amis sont tristes.
Vite les journalistes
Notent le moindre écart.
Chut ! le puissant critique !...
S'il rit, éreintement !
Car il déteste tant
Les pièces à musique.
Bref, du haut jusqu'en bas
A tout on s'intéresse,

5

Si ce n'est à la pièce
Qui n'intéresse pas.
Et qu'il faut être habile
Pour avoir un succès,
Et faire dire après
Bah! c'était si facile!
Voilà pourquoi j'ai peur
Surtout à la première,
De ce public moqueur
Qu'un rien rend si sévère.

NINETTE.

Ne crains donc rien !

STELLA.

A propos, Bébé n'est pas encore venu ?

NINETTE.

Non... Qu'en as-tu fait depuis notre déjeuner, chez toi ?...

STELLA.

Tu as vu comme Dupontet l'a fait boire...

NINETTE.

On aurait dit qu'il voulait le griser...

STELLA.

Aussi, quand vous êtes parties, à trois heures, le pauvre petit ne pouvait plus se tenir sur ses jambes! Nous l'avons étendu sur un divan, Clara et moi .. et quand je l'ai quitté pour venir au théâtre, il dormait d'un cœur...

NINETTE.

Et il dort sans doute encore, ce qui fait qu'on ne le verra pas ce soir...

STELLA.

Si... Dupontet m'a promis de revenir le réveiller et de l'amener ici...

SCÈNE IV

Les Mêmes, PIERRE.

PIERRE.

Bonsoir tout le monde.

TOUTES.

Ah! le voilà!

STELLA.

Tu as bien dormi, j'espère...

NINETTE.

Et Dupontet... où est-il?

PIERRE.

Il va venir, il achète des fleurs... Cristi! que j'ai mal aux cheveux... Je croyais que le grand air me ferait du bien, mais ça m'a retapé sur la tête...

NINETTE.

Bah! le souper vous remettra...

PIERRE.

Le souper?...

STELLA.

Nous soupons ensemble en l'honneur de la première.

PIERRE.

Je n'ai pas faim... et puis, il faut que je rentre chez moi...

STELLA.

On n'arrive pas de Tours au milieu de la nuit.

NINETTE.

Il n'y a pas de train...

PIERRE.

C'est vrai, au fait, j'arriverai demain matin.

STELLA.

A la bonne heure! tu seras frais, dispos, tandis que ce soir...

PIERRE.

Oui, ce soir, ça ne va pas. Décidément, je ne serai jamais un joyeux viveur...

I

Oui, pour être un joyeux viveur
Il faut êtr' bâti comme un chêne,
Car on n'est pas, parol' d'honneur,
Homm' de plaisirs sans beaucoup d'peine.
Je n'me sens pas d'dispositions
Pour cette existence insensée...
Je crains les indigestions
Et suis malad' d'un' nuit passée...
Non, non, je le sens là,
Je n'suis pas fait pour ça.

STELLA.

Secoue-toi, mon bébé...

PIERRE.

II

Toujours s'amuser, nuit et jour
Ça vous éreint' d'la bell' manière...
On n'sait pas quell' force il faut pour
Passer sa vie à ne rien faire.
Je n'suis pas né pour le plaisir;
Je s'rais bien vite à la guimauve...
Déjà j'en suis à m'repentir;
J'ai mal aux ch'veux, j'voudrais êtr' chauve...
Non, non, je sens là,
Je ne suis pas fait pour ça.

STELLA.

Embrasse-moi, ça te guérira. — Ah! Dupontet!

SCÈNE V

LES MÊMES, DUPONTET.

NINETTE.

Nous voilà, il est temps!...

DUPONTET, lui donnant un bouquet.

Voici mon excuse...

NINETTE.

Si encore elle était en diamant, votre excuse.

DUPONTET, remettant un bouquet à Pierre.

Tiens, voici pour toi.

STELLA, prenant le bouquet.

Merci, mon bébé... Ranimez-le un peu, il est tout chose
ce soir.

DUPONTET.

Bas! vraiment?... Voyons, mon gaillard ..

PIERRE.

Laisse-moi... tu m'ennuies...

DUPONTET.

Ingrat!... Comment, je te retrouve aux Halles, je te
conduis chez Stella, je te fais passer une journée délici-
euse, car tu as bien mangé, bien bu, bien dormi, et tu
n'es pas content.

PIERRE.

Non!

DUPONTET.

Qu'est-ce que tu as?...

PIERRE.

J'ai... j'ai que je croyais que c'était plus amusant que
ça de tromper sa femme...

DUPONTET.

Comment?

PIERRE.

Et pour la première fois que ça m' arrive, ça me fait
un drôle d'effet dans les cheveux...

DUPONTET.

Tu t'y habitueras.

PIERRE.

Non, j'en ai assez, j'aime encore mieux mon ménage ; tu verras quand tu seras marié, car toi aussi tu finiras par prendre une femme.

DUPONTET.

— Mais j'en prends, mon ami, j'en prends...

PIERRE.

Aux autres... Pristi, que j'ai mal...

DUPONTET.

Viens boire un verre de punch, ça te rafraîchira.

PIERRE.

Je suis assez rafraîchi comme ça... depuis ce matin que je me rafraîchis, j'ai la tête en feu, et l'estomac, tout, tout...

LE RÉGISSEUR.

Préparez-vous, mesdames, on va frapper.

TOUTES.

Voilà, voilà...

NINETTE, bas à Dupontet, en lui remettant son bouquet.

Vous me le ferez jeter après mes couplets...

DUPONTET.

Je passe dans la salle, je vais chauffer les amis.

PIERRE.

Moi aussi, oh ! ça ne va pas du tout.

STELLA.

Allez, et de l'enthousiasme, tapons ferme !... (Ils sortent.)

SCÈNE VI

LES MÊMES, moins **PIERRE** et **DUPONTET.**

LE RÉGISSEUR.

Et toi, Stella, y es-tu pour tes couplets d'entrée, l'empoignade.

STELLA.

Ne crains rien, mon petit.

LE RÉGISSEUR.

C'est qu'à la répétition générale tu ne les tenais pas du tout, ça manquait de zinc... de chien... c'était mou...

STELLA, riant.

Oui, mais ce matin, à la Halle, je me suis fait eng...poigner par une commère qui m'a donné le ton, je t'en réponds... Ah! mes enfants, quelle note!... (Imitant Rose.) « T'est pas des nôtres!... » Maintenant je réponds du succès... La poissarde de ce matin a sauvé la pièce, tu vas voir. (Bruit au dehors.)

LE RÉGISSEUR.

Qu'est-ce que c'est que ça? (Tous remontent.)

SCÈNE VII

Les Mêmes, ROSE, Plusieurs voix et celle de Rose.

On n'entre pas. — J'entrerai. — Non. — Si. — Malheur!... C'est défendu...

ROSE, paraissant sur la porte et bousculant deux machinistes.

Hé donc! tas de feignants... Vous m'empêcheriez d'entrer, vous... Ah! malheur!

STELLA, aux autres.

Mais c'est elle!...

LE RÉGISSEUR.

Moi, je vais vous faire sortir.

ROSE.

Toi, sortir ?... Ce matin, au port Nicolas, il est arrivé plein un bateau de malins qui font sortir les autres... et t'y étais pas... mon fiston...

LE RÉGISSEUR.

Elle m'insulte!

STELLA, au régisseur.

Taisez-vous, c'est la poissarde de ce matin.

ROSE.

Je viens pas ici pour mon plaisir... et je suis mal dis-
posée... je vous le dis...

STELLA.

Vous avez tort... vous n'avez ici que des amis...

ROSE.

Hein ?...

STELLA.

Moi, la première !... Vous avez sauvé la pièce, merci ..
(Elle lui prend les deux mains.)

ROSE.

J'ai sauvé quoi ?

LE RÉGISSEUR, même jeu.

Merci pour les auteurs... merci pour nous... merci
pour tout le monde.

TOUS.

Oui... oui... merci !

ROSE.

Ils sont fous ?

L'AVERTISSEUR.

En scène... c'est frappé...

LE RÉGISSEUR.

Vite, vite, mes enfants... et dans le ton, hein ?

TOUTES.

Soyez tranquille !

REPRISE ENSEMBLE

(Sortie.)

SCÈNE VIII

LE RÉGISSEUR, STELLA, ROSE, puis GIBRALTAR.

ROSE, arrêtant le régisseur.

Dites donc, vous... C'est mamzelle Stella que je veux
voir.

L'AVERTISSEUR, à Stella.

Mademoiselle Stella, c'est à vous, vous êtes du lever du rideau...

ROSE.

C'est elle... c'est vous ?...

STELLA.

Vous avez sauvé la pièce.... Merci ! (Elle sort.)

LE RÉGISSEUR.

Vous avez sauvé la pièce... Merci ! (Il sort.)

ROSE, seule.

En voilà des drôles de paroissiens... Si j'y comprends un mot... Est-ce qu'ils se moqueraient de moi ?... Je ne suis pas déjà si bien montée... Penser que Pierre n'est pas rentré... forcée de venir le chercher jusqu'ici! Il faudra bien que cette cabotine me le rende ou gare la casse!

GIBRALTAR, au dehors.

Mille chevrons !...

ROSE.

Gibraltar !... ici!...

GIBRALTAR, paraissant en habit, un bouquet à la main.

On se perd dans tous ces corridors... J'ai donné dix francs à la concierge... pour me laisser entrer... comme officier de ronde en bourgeois.

ROSE.

Qu'est-ce qu'il vient faire?

GIBRALTAR, apercevant Rose de dos.

Ah! quelqu'un... une habilleuse, sans doute... (Tirant son porte-monnaie, s'adressant à elle.) Je voudrais dire deux mots à une de ces donzelles...

ROSE, à part.

Hein!... Comment, lui?...

GIBRALTAR.

Tenez, voilà dix sous... allez prévenir...

ROSE, se retournant.

Qui ça?...

GIBRALTAR.

Madame Rose !

ROSE.

Vous n'avez pas honte, à votre âge !...

GIBRALTAR.

Hein !...

ROSE.

Ce n'est pas assez que mon fils se dérange... Vieux pigeon déplumé... Venir vous faire arracher par ces péronnelles les quelques plumes qui vous restent !

GIBRALTAR.

Permettez... oui. Je suis en grande tenue... les gants blancs... et quinze francs d'herbes... mais c'est...

ROSE.

C'est inutile...

GIBRALTAR.

Vous croyez que c'est pour mon plaisir que je suis ici ?...

ROSE.

C'est peut-être pour le mien, n'est-ce pas ?

GIBRALTAR, s'animant.

N'interrompez pas ! Laissez-moi vous dire...

ROSE, même jeu.

A quoi bon ?... c'est assez clair...

DUETTO

ROSE.

Tenez, vous êtes un coureur,
Un scélérat, un mauvais père,
Vous n'avez pas un brin de cœur !

GIBRALTAR.

Mais dam ! c'est de la faute à Pierre !

ROSE.

Vous reprochez à cet enfant
Sa conduite un peu trop légère,
Et v'là monsieur qu'en fait autant !

GIBRALTAR.

Tout ça, c'est de la faute à Pierre !

ROSE.

Vieil égoïste, je vous vois
Sur la paille, dans la misère...
Vous, votre fille, lui... tous trois...

GIBRALTAR.

Cristi ! ça s'ra la faute à Pierre !

ENSEMBLE

ROSE	GIBRALTAR.
Veux-tu te taire!	Pourquoi me taire,
Quoi ! c'est mon Pierre	Oui, c'est vot' Pierre
Qui t'a rendu si vicieux.	Qui m'a rendu si vicieux.
Non, non, Pierre	Un jour, j'espère
Ne pourra guère,	Que votre Pierre,
Qu'il se conduise mal ou mieux	Grâce à moi, se conduisant [mieux
Te rendre jamais vertueux !	Il redeviendra vertueux !

GIBRALTAR.

Cré mille chevrons !... voulez-vous me laisser parler ?..

ROSE.

Allez !...

GIBRALTAR.

A sa Stella je fais la cour,
Je suis riche, elle me préfère...
A ma fille il rend son amour.

ROSE.

Bien vrai ! quoi ! ce serait pour Pierre ?

GIBRALTAR.

Et moi, vieux scélérat, vieux beau,
Vieil égoïste et mauvais père,
Je triomphe du jouvenceau...

ROSE.

Vraiment ! c'est pour le bien de Pierre ?

GIBRALTAR.

Et profitant de la leçon,
Voyant qu'il a cessé de plaire,
Le petit rentre à la maison.

ROSE, avec bonheur.

C'est différent, si c'est pour Pierre.

ENSEMBLE

ROSE.	GIBRALTAR.
En profitant de la leçon	En profitant de la leçon
Le petit rentre à la maison.	Le petit rentre à la maison.
C'est ainsi qu'il corrige Pierre !	C'est ainsi que je corrig'Pierre !

ROSE.

Oh ! tenez, Gibraltar, vous êtes encore meilleur que vous n'en avez l'air.

GIBRALTAR, gaiement.

Une crâne idée, n'est-ce pas ?...

ROSE, gaiement aussi.

Oui !... mais dites donc, l'ancien, est-ce que vous saurez...?

GIBRALTAR.

Savoir ?... c'est pas malin !... ces femmes-là changent d'amants comme de manchettes !...

ROSE.

Et vous espérez ?...

GIBRALTAR.

Ah ça... est-ce que vous me croyez fini ?...

ROSE.

Un peu rouillé, seulement !...

GIBRALTAR.

Encore vert, nom d'un chevron !...

ROSE.

Alors, pourquoi que vous ne vous remariez pas ?...

GIBRALTAR.

Et vous qui êtes encore dans votre fleur?... Ne m'interrompez pas, vous êtes encore dans votre fleur.

ROSE.

Eh ben ! à cause de mon fils !

GIBRALTAR.

Comme moi, rapport à ma fille.

ROSE.

Eh bien, voyons... la donzelle va venir... elle sait que je l'attends... Je vais vous laisser tenter l'affaire...

GIBRALTAR.

Mais vous, pendant ce temps-là ?...

ROSE.

Je vais aller causer un brin avec la concierge du théâtre... une ancienne camarade de la Halle... Et si vous ne réussissez pas, c'est moi qui me chargerai de lui dire son fait, à mademoiselle Stella...

GIBRALTAR.

On sera éloquent...

ROSE.

Et ne vous laissez pas entortiller...

GIBRALTAR.

Ne craignez rien... cuirassé... blindé...

ROSE, à part.

Bel homme encore... (Haut.) Ne vous laissez pas entortiller. (Elle sort par la droite.)

SCÈNE IX

GIBRALTAR, puis NINETTE.

GIBRALTAR.

Superbe femme tout de même... Mais songeons à l'autre. On m'a dit que ces citadelles-là se rendaient assez facilement, seulement, faut les attaquer de front... les brutaliser, paraît-il... Oh ! un frou-frou... c'est elle ..

NINETTE, entrant, furieuse.

Sont-ils bêtes ! La claque qui oublie de me faire mon entrée.

GIBRALTAR, l'observant.

olie cantinière, cette Stella !... Allons, en avant et d'attaque ! (Haut.) Mademoiselle, si vous aimez les herbes, en voilà pour quinze francs.

NINETTE.

Pardon, monsieur.

GIBRALTAR.

C'est pour vous.

NINETTE.

Mais, monsieur, ces façons...

GIBRALTAR.

Sont les miennes et vous ne m'en ferez pas changer.

NINETTE, à elle-même.

Qu'est-ce que c'est que cet original ? (Haut.) Vous devez être bien riche ?...

GIBRALTAR.

Pourquoi ça ?

NINETTE.

Pour être si malhonnête ! (Elle traverse pour entrer à gauche.)

GIBRALTAR.

Permettez...

NINETTE.

Mais je ne vous connais pas.

GIBRALTAR.

Gibraltar, de Gibraltar, ancien major, six blessures... Voulez-vous voir ?

NINETTE.

Mais ce n'est pas une raison...

GIBRALTAR.

Oui, je sais, pour le quart d'heure, vous êtes pincée.

NINETTE.

Pincée ! moi ! ah ! pas si jeune !

GIBRALTAR.

Comment, c'est vrai, vous ne l'aimez pas, lui ?

NINETTE.

Fleur-de-Bourrache ?

GIBRALTAR.

Fleur-de-Barrache ?

NINETTE.

C'est son petit nom.

GIBRALTAR.

Votre caporal d'ordinaire.

NINETTE.

Il me plaît quelquefois, les jours d'échéance.

GIBRALTAR.

Les jours du prêt.

NINETTE.

Oui, c'est cela... un poseur, ennuyeux comme les mouches.

GIBRALTAR, à part.

Lui, mon marsupiaux de gendre, tant mieux. (Haut.) Alors, c'est convenu, nous soupons ensemble ce soir ?

NINETTE.

Oui, tous ensemble.

GIBRALTAR.

Ah ! mais non, nous deux seulement ; quant à l'autre, vous allez lui flanquer un congé illimité.

NINETTE.

Vous êtes donc jaloux ?

GIBRALTAR.

Je n'aime pas manger à la gamelle.

NINETTE.

Gourmand !

GIBRALTAR.

Quel est ce bruit ?

NINETTE.

Le second acte vient de finir.

SCÈNE X

LES MÊMES, LÉA, AMÉDINE, LAURA, SOLANGE, FRISETTE, DUPONTET, LE RÉGISSEUR, CHŒURS, puis STELLA.

CHŒUR GÉNÉRAL.

Ah ! quel triomphe ! quel succès !
Pour toute la salle en délire
Trois fois il a fallu redire
Et le finale et les couplets !
Ah ! quel triomphe ! quel succès !

(Stella entra avec couronnes et bouquets.)

DUPONTET.

Bravo, mesdames, bravi ! brava !

GIBRALTAR.

Tiens ! Dupontet !

DUPONTET.

Ah bah ! vous ici ?

NINETTE, à part.

Comment ? il connaît Dupontet ?

GIBRALTAR.

Venue pour une corvée ? mon gendre qui se faisait plumer par une coquine.

DUPONTET.

Ah ! oui, Stella.

GIBRALTAR.

Nous venons de causer ; très gentille, n'est-ce pas ? (I désigne Ninette.)

DUPONTET, à part.

Hein ! Ninette !

GIBRALTAR.

Elle envoie promener l'autre, Fleur-de-Bourrache, un poseur, ennuyeux comme les mouches...

DUPONTET, à part.

Mais il s'est trompé.

GIBRALTAR.

Nous soupons ensemble ce soir.

DUPONTET.

Par exemple! (Il remonte vers Ninette.)

GIBRALTAR, à part.

Qu'est-ce qu'il a?...

ROSE, rentrant.

Eh bien?...

GIBRALTAR.

C'est fait, elle a permuté.

ROSE.

Comment, vous l'avez vue?

GIBRALTAR.

Cinq minutes, ça m'a suffi. La voilà... (Il désigne Ninette.)

ROSE.

Mais ce n'est pas elle.

STELLA, entrant suivie du régisseur. avec bouquets et couronnes.

Ah! que je suis heureuse!

ROSE.

Tenez, la voilà.

GIBRALTAR.

Hein!

STELLA.

Des couronnes! des bouquets!...

TOUS.

Bravo! Stella!

GIBRALTAR.

Nom d'un chevron! je me suis trompé!

LE RÉGISSEUR.

Pressons le changement; mesdames, dans vos loges.

STELLA.

Oh! moi, je n'ai que ma coiffure à arranger.

ROSE.

Laissez-moi seule avec elle, je vais réparer la chose.

DUPONTET, conduisant Ninette à Gibraltar.

Daignez donc expliquer l'erreur à madame.

GIBRALTAR.

Fausse manœuvre, belle dame, fausse manœuvre.

LE RÉGISSEUR.

Allons, mesdames, allons!...

REPRISE DU CHŒUR.

Ah ! quel triomphe ! quel succès, etc.

(Sortie par la deuxième porte de droite.)

PIERRE, paraissant par la première porte de droite. A part.

Hein!... ma mère que vient-elle faire ici ? (Apercevant Stella devant la psyché) avec Stella. (Il disparaît.)

SCÈNE XI

ROSE, STELLA.

ROSE, à part.

Attends, toi... je vas te secouer... Oui... oui... arrange ton chignon... je te vas le créper...

STELLA, quittant la psyché, et apercevant Rose.

Ah! madame, que de remerciements!.... Je vous dois mon succès !

ROSE, brusquement.

S'agit pas de ça... Je viens chercher mon fils Pierre.

STELLA, la regardant.

Vous, sa mère ?...

ROSE.

Oui... sa mère... Et si j'avais su qui vous étiez ce matin, ah ! jour de Dieu ! vous auriez passé un drôle de quart d'heure.

STELLA.

Pourquoi?...

ROSE.

Parce que vous l'avez ensorcelé et qu'il ne vous quitte
plus.

STELLA.

Eh bien, où est le mal ?

ROSE.

Mais il est marié !...

STELLA.

Ce n'est pas une raison...

ROSE.

Hein !

STELLA.

Après tout, est-ce ma faute si je l'aime.

ROSE.

Ne dites donc pas de bêtises... Il faut me le rendre, en-
tendez-vous. Un amoureux de plus ou de moins, ça ne
vous gênera pas, vous devez en avoir sur la planche.

STELLA, avec force.

Ah! mais dites donc, à la fin...

ROSE, même jeu.

Eh ben, quoi !

STELLA.

Pourquoi vient-il dans notre monde, je l'ai pris pour
un fils de famille.

ROSE.

Tandis que c'est le fils de Rose, marchande à la Halle.

STELLA.

Est-ce que je pouvais m'en douter. Après cela, je l'aurais su que je crois que je l'aurais aimé tout de même,
il est si gentil, si sincère, si aimant.

ROSE, brusquement.

Je le sais... J'ai pas besoin qu'on me le dise....

STELLA.

Il est si doux, si câlin...

ROSE, se calmant peu à peu.

Ah! pour câlin... oui, il est câlin... il vous entortille...

STELLA.

On ne fait que ce qu'il veut!

ROSE.

A qui le dites-vous? Quand je le gronde, c'est presque toujours moi qui finis par lui demander pardon....

STELLA.

Il a une manière à lui de vous demander les choses....

ROSE.

On ne peut pas lui refuser.... (Souriant.) Vous savez ça, vous !

STELLA.

Et avec ça, du cœur!

ROSE.

Plein de cœur, le monstre !

STELLA.

Comment ne pas l'aimer ?

ROSE.

Parbleu !...

STELLA.

Ne pas l'adorer ?...

ROSE.

Certainement !

STELLA.

Ne pas en être folle ?...

ROSE.

Bien sûre !...

STELLA.

N'est-ce pas que j'ai raison de l'aimer ?

ROSE.

Mille fois raison !...

STELLA.

Ah ! je l'adore, bébé Pierrot.

ROSE.

Bébé Pierrot !... Tiens ! vous l'appelez comme moi.... quand il était petit... qu'il me disait comme ça... « Petite mère » et que ça me remuait jusqu'au fond du cœur.... Ah ! c'est que, voyez-vous, mon Pierre...

RONDEAU.

Je l'avou', je m'sentis tout' fière
Quand le bon Dieu me le donna ;
Tout ce qu' n'a pas appris sa mère,
Me dis-je, eh bien, il l'apprendra.
C'était mon joujou, ma poupée,
Nous étions comme deux enfants ;
De lui seul toujours occupée,
Que je souffris d' ses premièr's dents
Comm' je grelottais de sa fièvre !
Que de nuits passé's sans repos !
Mais quel bonheur quand de sa lèvre
S'élancèrent les premiers mots !
Je sais bien, j'f'rais mieux de me taire,
C'que dis là, beaucoup en riront;
Mais que voulez-vous, on est mère
Et les mères me comprendront.

Plus tard le voilà qui se forme
Au collège municipal,
Moi j'admirais son uniforme
Comm' si c'était un général.
Un soir en rentrant il s'écrie :
J'ai triomphé pour mon bachot !
J'danse avec lui, j'étais ravie
Sans pourtant y comprendre un mot.
Puis vint enfin son mariage,
Fallait m'voir dans c'jour de bonheur,
Le sourire sur le visage,
De gross's larmes au fond du cœur.
Je sais bien, j'f'rais mieux de me taire, etc.

STELLA.

Ah ! je vous comprends ! Et vous ne m'en voulez pas de
l'aimer ?...

ROSE.

C'te bêtise !...

STELLA.

Ni à Pierre de me le rendre.

ROSE.

Si ça lui fait plaisir... (S'arrêtant tout à coup.) Eh bien! qu'est-ce que je dis donc là?... Ah!... non, non.... faut me renvoyer mon fils... faut le rendre à sa femme, et pas plus tard que tout de suite, il s'agit de son bonheur!

STELLA.

Eh bien! on vous le renverra... na !

ROSE.

Merci! et en douceur! Ne lui faites pas trop de peine à ce chéri.

STELLA.

Soyez tranquille!...

SCÈNE XII

Les Mêmes, DUPONTÈT.

DUPONTET, entrant vivement.

Stella... deux mots.... je m'éclipse.

ROSE, l'apercevant.

Oh! l'ami de Pierre! (Elle se baisse comme pour arranger la robe de Stella.) Attendez, encore une épingle.

DUPONTET.

Ne comptez pas sur moi ce soir pour le souper... Je viens de rompre avec Ninette. .

STELLA.

Ah! bah !

PIERRE.

J'ai d'autres idées... une aventure à terminer.... une femme mariée... (Confidentiellement.) La femme d'un ami. Je viens de lui écrire une épître brûlante à laquelle elle ne résistera pas... à toi le mari, à moi la femme !...

STELLA.

C'est donc?...

DUPONTET.

La femme de Pierre.

ROSE, bondissant sur Dupontet.

Ah! brigand!...

PIERRE, paraissant à droite et le saisissant de l'autre côté.

Misérable !

ROSE, apercevant Pierre.

Toi !

SLELLA, même jeu.

Lui !

DUPONTET, stupéfait.

Sapristi!...

SCÈNE XIII

LES MÊMES, GIBRALTAR.

GIBRALTAR, venant de gauche et apercevant Pierre.

Le marsupiaux ici?... Je vais lui casser les reins!...

ROSE, l'arrêtant.

Touchez pas... Vous feriez mieux de surveiller votre fille qui reçoit des billets doux de ce particulier.

GIBRALTAR.

Hein !... lui, c'est impossible !

DUPONTET, essayant de remonter.

Bigre !...

ROSE.

L'homme du fiacre... au restaurant.

GIBRALTAR.

L'homme du fiacre, mais oui, je le reconnais... Demain, mes témoins...

PIERRE, à Dupontet.

Demain, je vous tuerai!...

GIBRALTAR.

Après moi !

PIERRE.

Avant vous !

ROSE.

Te battre, toi, je te le défends !

DUPONTET.

Eh bien, soit, nous nous battrons ! Votre heure?...

ROSE, lui donnant un soufflet.

Tiens! la voilà! (Tous les personnages de l'acte sont entrés de différents côtés, au bruit de la dispute. — Rideau.)

Deuxième Tableau

Le théâtre représente le pavillon central de la marée, illuminé et enguirlandé.

SCÈNE PREMIÈRE

MICHEL, MONTAUBAN, LANDRINEAU, STELLA, NINETTE, LÉA, SOLANGE, LAURA, AMÉDINE, GÉROMÉ, L'INSPECTEUR, Artistes, Dames de la halle.

(Au lever du rideau, tous les personnages costumés dansent. Après la danse et sur la continuation de la musique en sourdine.)

MICHEL.

Eh ben, mesdames les actrices... en v'là un coup d'œil!...

STELLA.

Splendide!

NINETTE.

Rupin!

MONTAUBAN.

Vous ne vous doutiez pas de ce que c'est qu'un bal à la Halle.

LANDRINEAU.

La fête d'une reine!...

STELLA.

Reine... comme celles du théâtre... ça ne dure pas, mais ça fait plaisir tout de même.

I

A la Halle comme au théâtre,
On n'est pas reine pour longtemps,
Et c'est une cour idolâtre
Qui vous accueille par ses chants!
Royauté que l'amitié donne,

Exempte des moindres soucis,
On n'a ni sceptre ni couronne,
Mais pour sujets de bons amis.

En avant deux,
Couples joyeux,
Que l'on s'enlace,
Que l'on s'embrasse !
L'ordre du jour
A notre cour.
C'est l'amour.

REPRISE ENSEMBLE

II

Jeunes marchandes de la Halle,
Les frais appas et les beaux yeux,
Que chacune de vous étale,
Rendent les clients soucieux !
Je ne sais pas de souveraine
Qui pour charmer ses courtisans
Pourrait montrer ainsi sans gêne
Des trésors plus éblouissants !

En avant deux,
Couples joyeux, etc.

MICHEL.

En route... au devant du cortège...

TOUS.

Allons !

MONTAUBAN.

Et le bras aux dames.

TOUS.

Partons.

REPRISE ENSEMBLE

En avant deux, etc.

(Sortie générale.)

SCÈNE II

DUPONTET, puis **GIBRALTAR** et **JULIETTE.**

DUPONTET, qui a paru pendant la sortie.

Ah ça ! que veut dire cette lettre que madame Rose

6

m'a fait parvenir : « Oubliez ma giffle et venez au bal
cette nuit... j'arrangerai l'affaire... » et je suis venu...
parce qu'un duel avec le bouledogue... l'ami de Camescousse... c'est égal ! je ne suis pas rassuré... aussi j'ai
pris mes précautions pour ne pas être reconnu... (Montrant
un faux nez qu'il a tiré de sa poche.) et par prudence...

GIBRALTAR, entrant avec Juliette.

Cristi !... une fille au bal !... c'est embêtant !...

DUPONTET, à part, vivement.

Oh ! c'est lui ! (Il met son faux nez et remonte.)

JULIETTE.

Je veux m'en aller... je m'ennuie...

GIBRALTAR.

Tu t'ennuies... tu t'ennuies... ce n'est pas une raison
parce qu'on s'ennuie pour ne pas s'amuser... je t'ai
amenée ici pour t'amuser... amuse-toi... danse, polke,
mazurke...

JULIETTE.

On ne m'invite pas...

GIBRALTAR.

On ne t'invite pas... attends... (Avisant Dupontet.) Dites
donc, vous... l'homme au faux nez, invitez ma fille...

DUPONTET, à part.

Hein ?

GIBRALTAR.

Invitez ma fille...

DUPONTET, très embarrassé.

C'est que...

GIBRALTAR.

Cré mille...

DUPONTET.

Très flatté, monsieur... (Gracieusement à Juliette.) Mademoiselle...

JULIETTE.

Monsieur.

GIBRALTAR.

Emmenez... emmenez...

JULIETTE.

Mais, papa...

GIBRALTAR.

Charmant cavalier... danse, polke, mazurke... (A Dupontet.) Emmenez, emmenez...

DUPONTET, à part.

Tant pis... j'emmène... (Il entraîne Juliette et tous deux sortent par le fond.)

GIBRALTAR.

Cristi! fille au bal!... embêtant! embêtant! (Grand mouvement et grand tumulte au fond.)

CRIS.

Vive la reine!...

GIBRALTAR.

Ah! voilà le cortège qui vient de ce côté.

SCÈNE III

ROSE, Tous LES PERSONNAGES, moins DUPONTET
et JULIETTE.

CHŒUR

> Vive la Reine,
> La souveraine
> Des Halles et des Innocents!
> Tout ce qu'on mange
> Ici se range
> Saluez, goinfres et gourmands
> Vive la Reine,
> La souveraine
> Des Halles et des Innocents.

TOUS.

Vive la Reine!

ROSE.

Non! pas vive la Reine! Vive la Halle!

TOUS.

Vive la Halle!

ROSE.

RONDEAU

Suivant la coutume ordinaire,
La reine doit une chanson ;
Je vais vous dire sans façon
Un vieux refrain de ma grand'mère

I

L'amour ça fait plaisir aux filles,
Les plus revêches, les plus gentilles
Un beau matin sentent leur cœur
S'épanouir comme une fleur.
Cet instant-là de tout décide ;
Le progrès du mal est rapide,
Surtout s'il vient juste un galant
Lui faire part de son sentiment.
 On s'parle des yeux
 Sans se parler des lèvres
 Avec les fièvres
 Des amoureux,
 A moins cependant,
 Et ça se voit souvent,
Que l'galant lui fasse gentiment
Lui fasse l'aveu de son sentiment.

II

Quand on sait c'que parler veut dire,
Avec les garçons faut pas rire,
Car on sait bien qu'chaqu' séducteur
A des mots qui chatouillent le cœur.
La jeunes' la plus intrépide faut s'en méfier, car c'est perfide !
Se laisse prendre, on vous l'dira,
Se laisse prendre à ce jeu-là,
 On s'presse la main,
 On s'presse la taille,
 On se tiraille
 Tant et si bien
 Qu'un jour en riant.

> Et ça se voit souvent,
> La belle donne à son galant...
> Elle donne son consentement.

III

> Tout ça finit, suivant l'usage,
> Heureusement par un mariage,
> Qu' la jeunesse célèbre à grand bruit
> Depuis l'auror' jusqu'à minuit;
> Puis à minuit l'épous' timide,
> A suivre son mari s' décide...
> Et puis après, après, ma foi,
> Après? ça vous r'garde pas plus que moi.
> Seulement l'mari
> Quequefois l' jour de sa noce
> S' flanque une bosse
> Qui l'ahurit,
> Et v'là comment
> Cela se voit souvent,
> L' mari n'trouve pas en le cherchant...
> N' trouve pas l' chemin de son logement.

Et maintenant, mes enfants, allez danser.

MICHEL.

Mame la Reine! Ça serait-il un effet de vot' bonté de m'honorer de l'honneur de la première...

MONTAUBAN.

Intrigant, va... Eh ben, et moi,..

PLUSIEURS AUTRES.

Et moi... et moi!...

ROSE.

Tranquillisez-vous, mes amours... tout le monde en aura .. même M. Gibraltar...

GIBRALTAR, dans un coin.

Moi... certainement... (A part.) Superbe femme!

ROSE.

Seulement, je vous demande quelques minutes de repos... depuis une heure que vous me trimballez dans les quatre pavillons.

6.

MICHEL.

A votre aise, madame la Reine !

MONTAUBAN.

En attendant, nous allons à la buvette !

MICHEL.

Et après nous revenons vous chercher pour le rigo-
don !...

ROSE.

C'est cela... allez, mes amis !

TOUS.

Vive la Reine !

REPRISE GÉNÉRALE DE LA FIN DU COUPLET

(Tous sortent gaiement de différents côtés, excepté Rose et Gibraltar.)

SCÈNE IV

ROSE, GIBRALTAR.

ROSE, à Gibraltar qui remonte comme pour s'en aller.

Peloton, halte, fixe... avancez à l'ordre...

GIBRALTAR, s'arrêtant.

Ah ! mais...

ROSE.

Avancez à l'ordre, puisque la Reine vous le dit...

GIBRALTAR, faisant un pas.

Eh ben... après...

ROSE.

Deux pas en avant... à l'alignement !... front... (Gibraltar fait deux pas et se trouve placé à son côté.) Voyons,
Gibraltar, mon vieux Gibraltar... faut réconcilier nos
deux enfants.

GIBRALTAR, faisant le salut militaire.

Parlez, mon colonel... on obéira !

ROSE.

A la bonne heure !

GIBRALTAR.

Seulement... rabibochage difficile...

ROSE.

Rabibochage facile, au contraire... d'abord, vous Gibraltar, vous êtes un peu tâtillon, n'interrompez pas, tâtillon que j'vous dis, eh bien, quand ce sera rabibiboché, promettez-moi, pour le bonheur des petits, de ne plus habiter avec eux.

GIBRALTAR.

Ah! c'est que vivre seul... à moins que vous ne consentiez...

ROSE.

Vous n'êtes pas dégoûté, un simple major épouser une majesté.

GIBRALTAR.

Oh! prince-époux seulement.

ROSE.

Et puis rentrer dans l'armée active à votre âge, reprendre du service.

GIBRALTAR.

Encore vert, non d'un nom!

ROSE.

Nous verrons ça, mais revenons au rabibochage.

GIBRALTAR, faisant le salut militaire.

Ah! oui.

ROSE.

J'ai écrit à M. Dupontet.

GIBRALTAR.

Un pleutre, un gueux.

ROSE.

N'interrompez pas, il va venir et vous vous tairez.

GIBRALTAR.

Moi!

ROSE.

Et vous lui pardonnerez.

GIBRALTAR.

Jamais.

ROSE.

La Reine vous l'ordonne.

GIBRALTAR.

Suffit, majesté !...

ROSE.

Quant à mon fils, il ne m'a pas quitté de la journée, tout est convenu avec lui.

SCÈNE V

LES MÊMES, JULIETTE, puis DUPONTET.

JULIETTE, entrant très agitée.

C'est affreux !... C'est indigne !

GIBRALTAR, à part.

Bon ! Qu'est-ce qu'elle a encore ?

ROSE.

Eh ben, fifille... Tu ne dis rien à sa majesté! bonne maman ?

JULIETTE.

Ah! j'en ai long à vous dire sur monsieur mon mari....

ROSE, très calme.

Sur Pierre... quoi qu'il y a?... (Vivement.) Le train de Tours à déraillé ?

JULIETTE.

Ah! oui...le train de Tours... Je viens de danser avec M. Dupontet.

GIBRALTAR, s'emportant.

Avec ce pékin-là !

ROSE, à Gibraltar.

N'interrrompez pas...

JULIETTE.

Il m'a tout appris... que Pierre était au mieux avec mademoiselle Stella... qu'il avait soupé chez Baratte.... qu'il n'était pas allé à Tours... que...

ROSE.

C'est pas vrai.... (Bas à Gibraltar.) Allez donc !

GIBRALTAR, avec force.

C'est pas vrai !

ROSE.

C'est faux !...

GIBBALTAR, avec force.

Archi faux.

JULIETTE, indécise.

Mais pourtant... (Apercevant Dupontet.) Et tenez, le voilà !....

DUPONTET, à part.

Oh !

ROSE, allant prendre Dupontet et le ramenant.

Arrivez, vous...

DUPONTET, ahuri.

Pardon !... C'est l'éventail et le bouquet de madame.... j'ai reçu votre lettre.

ROSE, bas à Dupontet.

Ne craignez rien... je vais arranger l'affaire...

DUPONTET, rassuré, à part.

Ah !

JULIETTE, à Dupontet.

Comment, monsieur, tout ce que vous m'avez dit.

ROSE.

Monsieur l'a inventé pour supplanter Pierre.

JULIETTE.

Alors, ses amours avec mademoiselle Stella...

ROSE.

Un conte de monsieur...

JULIETTE.

Mais cette bonne qui hier à la Halle...

GIBRALTAR.

Un tour de monsieur...

ROSE.

Il avait corrompu la bonne... le gredin...

GIBRALTAR.

Le drôle !

DUPONTET.

Ah ! mais...

ROSE, bas à Dupontet.

J'arrange l'affaire...

GLBRALTAR, même jeu.

Avouez !

DUPONTET.

Eh bien... oui... puisque j'y suis forcé...

ROSE, bas, lui serrant la main.

Merci.

GIBRALTAR, idem.

Merci !

JULIETTE, avec joie.

Alors, mon mari était innocent...

ROSE et GIBRALTAR.

Dam !...

JULIETTE.

Alors, Pierre est encore à Tours...

SCÈNE VI

LES MÊMES, PIERRE.

PIERRE, entrant vivement.

A Tours !... Mais non... à Paris... depuis un quart
d'heure.

JULIETTE, lui sautant au cou.

Ah ! mon Pierre !

PIERRE, l'embrassant.

Ma Juliette !... Ah ! maman !

ROSE, l'embrassant, bas.

Tout est arrangé !...

PIERRE, bas à Rose.

Merci, maman !... (Serrant la main à Gibraltar.) Je suis
allé à la maison... et ne vous trouvant pas, je suis ac-
couru ici... Ah ! papa beau-père, je vous ai rapporté
des rillettes et des pruneaux de Tours... je sais que vous
les aimez.

GIBRALTAR.

Merci, mon gendre... (Bas à Pierre.) Où les as-tu
achetés ?

PIERRE, bas à Gibraltar.

Chez l'épicier du coin.

GIBRALTAR, à Pierre.

Très bien... la vraisemblance !...

PIERRE, apercevant Dupontet.

Ah! Dupontet... ça va bien depuis trois jours que je ne t'ai vu.

DUPONTET.

Pas mal, et toi.

PIERRE, bas à Dupontet.

Si tu dis un seul mot à ma femme...

DUPONTET.

Ne crains rien, j'ai renoué avec Ninette.

PIERRE.

Alors, épouse-là.

DUPONTET.

Tiens, c'est une idée, moi qui ai toujours rêvé d'être l'amant d'une femme mariée. (Pierre va rejoindre Juliette.)

ROSE, bas à Juliette.

Tu vois bien que tout ça, c'était des bêtises. (Juliette remonte. Rose tendant la main à Gibraltar.) Eh bien, pour le bonheur des enfants, la reine s'appellera madame Gibraltar.

GIBRALTAR, avec joie.

Ah!...

ROSE.

N'interrompez pas. (Tous les personnages de l'acte arrivent en scène. Musique.)

SCÈNE VII

TOUS.

MICHEL.

Notre reine... (Il fait le geste de danser.) Les guibole s'impatientent.

MONTAUBAN.

On n'attend plus que vous... pour le quadrille d'honneur...

ROSE.

On y va, mes enfants, on y va... mais avant, faut que je fasse mon discours du trône...

TOUS.

Vive la Reine!

ROSE, au public.

Air *de la Ronde du 4e tableau.*

Messieurs, au début de la route
C'est le premier pas qui nous coûte,
De votre indulgence il dépend
Que notre départ soit brillant.
Qu'ce soit la sall' qu'on applaudisse
La pièce en aura l'bénéfice.
L'une et l'autre ainsi vous plairont,
La sauce fait passer l'poisson.
Voilà pourquoi
Ici, messieurs, j'réclame
Que l'on acclame
N'importe quoi!
Car les auteurs,
Les directeurs, les chœurs,
Les auteurs et les constructeurs
Et lonlonla
Tous du succès s'croiront les auteurs.

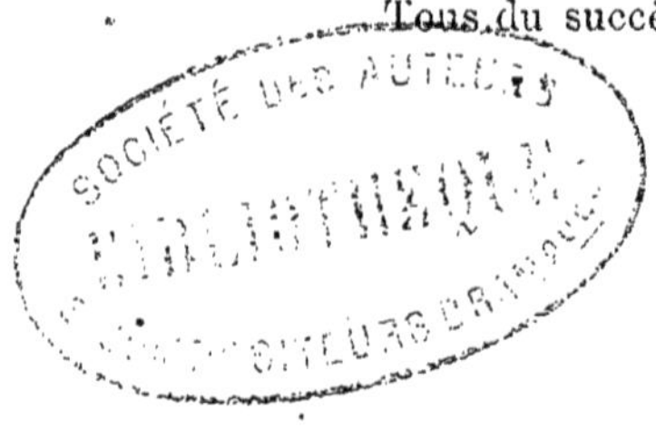

FIN

4324 — Imprimerie de Poissy — S. Lejay et Cie.

9 782019 996246